Marius Kuhn

# Im weiten Feld der Zeit

## Die filmischen Transformationen des Romans *Effi Briest*

# FILM- UND MEDIENWISSENSCHAFT

Herausgegeben von Irmbert Schenk und Hans Jürgen Wulff

ISSN 1866-3397

26  Stephanie Boniberger
    Musical in Serie
    Von Buffy bis Grey's Anatomy: Über das reflexive Potential der special episodes amerikanischer TV-Serien
    ISBN 978-3-8382-0492-5

27  Phillip Dreher
    Morin und der Film als Spiegel
    Eine theoriegeschichtliche Verortung der Filmtheorie von Edgar Morin
    ISBN 978-3-8382-0486-4

28  Marlies Klamt
    Das Spiel mit den Möglichkeiten
    Variantenfilme – Zwischen Multiperspektivität und Chaostheorie
    ISBN 978-3-8382-0811-4

29  Ralf A. Linder
    Zwischen Propaganda und Anti-Kriegsbotschaft:
    Die Darstellung des Krieges im US-amerikanischen Spielfilm
    als Indikator gesellschaftlichen Wandels
    ISBN 978-3-8382-0750-6

30  Jana Zündel
    An den Drehschrauben filmischer Spannung
    Zeit und Raum bei Alfred Hitchcock.
    Verzögerungen und Deadlines, klaustrophobische und expansive Räume
    ISBN 978-3-8382-0940-1

31  Seraina Winzeler
    Filme zwischen Spur und Ereignis
    Erinnerung, Geschichte und ihre Sichtbarmachung im Found-Footage-Film
    ISBN 978-3-8382-0414-7

32  Tobias Dietrich
    Filme für den Eimer
    Das Experimentalkino von Klaus Telscher
    ISBN 978-3-8382-1094-0

33  Silvana Mariani
    O Canto do Mar: Die Ästhetisierung von Realität?
    Reflexionen über den Realismus bei Alberto Cavalcanti
    ISBN 978-3-8382-1100-8

34  Marius Kuhn
    Im weiten Feld der Zeit: Die filmischen Transformationen des Romans *Effi Briest*
    ISBN 978-3-8382-1141-1

Marius Kuhn

# IM WEITEN FELD DER ZEIT

## Die filmischen Transformationen des Romans *Effi Briest*

*ibidem*-Verlag
Stuttgart

**Bibliografische Information der Deutschen Nationalbibliothek**
Die Deutsche Nationalbibliothek verzeichnet diese Publikation in der Deutschen Nationalbibliografie; detaillierte bibliografische Daten sind im Internet über http://dnb.d-nb.de abrufbar.

**Bibliographic information published by the Deutsche Nationalbibliothek**
Die Deutsche Nationalbibliothek lists this publication in the Deutsche Nationalbibliografie; detailed bibliographic data are available in the Internet at http://dnb.d-nb.de.

Coverabbildung: Szene aus *Rosen im Herbst*. © Fernsehjuwelen GmbH. Abdruck mit freundlicher Genehmigung.

∞

Gedruckt auf alterungsbeständigem, säurefreien Papier
Printed on acid-free paper

ISSN: 1866-3397

ISBN: 978-3-8382-1141-1

© *ibidem*-Verlag

Stuttgart 2017

Alle Rechte vorbehalten

Das Werk einschließlich aller seiner Teile ist urheberrechtlich geschützt. Jede Verwertung außerhalb der engen Grenzen des Urheberrechtsgesetzes ist ohne Zustimmung des Verlages unzulässig und strafbar. Dies gilt insbesondere für Vervielfältigungen, Übersetzungen, Mikroverfilmungen und elektronische Speicherformen sowie die Einspeicherung und Verarbeitung in elektronischen Systemen.

All rights reserved. No part of this publication may be reproduced, stored in or introduced into a retrieval system, or transmitted, in any form, or by any means (electronic, mechanical, photocopying, recording or otherwise) without the prior written permission of the publisher. Any person who does any unauthorized act in relation to this publication may be liable to criminal prosecution and civil claims for damages.

Printed in the EU

# Inhaltsverzeichnis

1. Einleitung ......................................................................... 7
2. Von Fontane in die filmische Form ................................... 11
   2.1 Die Literaturverfilmung als Transformation ............... 14
   2.2 Das Remake .................................................................. 16
3. Das Melodrama .................................................................. 19
4. 1939: DER SCHRITT VOM WEGE .......................................... 33
5. 1955: ROSEN IM HERBST ..................................................... 45
6. 1969: EFFI BRIEST ............................................................... 67
7. 1974: FONTANE – EFFI BRIEST ............................................ 81
8. 2009: EFFI BRIEST ............................................................... 99
9. Resümee – im weiten Feld der Zeit ................................. 111
10. Filmverzeichnis ............................................................... 115
    10.1 Untersuchungskorpus .............................................. 115
    10.2 Restlich erwähnte Filme ........................................... 115
11. Bibliografie ..................................................................... 119
    11.1 Monografien/Aufsätze ............................................. 119
    11.3 Zeitungsartikel / Internetquellen ............................ 126

# 1. Einleitung

Die leeren, abgestumpften Augen versuchen die Ablehnung nicht zu verbergen. Gedankenversunken zündet sich Effi (Julia Jentsch) eine Zigarette an, die erstaunten Blicke ihrer Eltern ignorierend. „Wenn sie will, kann die Gesellschaft immer ein Auge zudrücken", bemüht sich der Vater (Thomas Thieme) seine Tochter zu überzeugen. „Kann schon sein, dass die Gesellschaft nochmals ein Auge zudrücken kann, Papa. Ich kann es nicht", kontert Effi, steht auf, zahlt ihre Rechnung und lässt die Eltern am Tisch allein. Bestimmten Schrittes tritt sie auf die Straße, wo sie ihren früheren Ehemann und den Grund ihres Elends erblickt.

Die Protagonistin kehrt der Gesellschaft den Rücken in EFFI BRIEST (Hermine Huntgeburth, D 2009).[1]

Erwartungsvoll schaut Innstetten (Sebastian Koch) zu Effi hinüber. Sie wendet den Blick ab, ein triumphierendes Lächeln entweicht den ernsten Gesichtszügen. Ihm den Rücken zuwendend, verschwindet sie in der Menge der Fußgänger.
Die Eltern blicken auf das Grab ihrer Tochter. „Sieh Briest, Rollo liegt wieder vor dem Stein", sagt die Mutter (Käthe Haack) mit schwerer Stimme. „Tja Luise, die Kreatur mit ihrem Instinkt. Das ist, was ich immer sage: Es ist nicht so viel mit uns, wie wir glauben." Empört wird der Vater (Paul Bildt) unterbrochen: „Sprich nicht so Briest. Es vergeht kein Tag da das arme Kind da liegt, an dem ich mir nicht Vorwürfe

---

[1] Im Folgenden sind die Szenenbilder der jeweiligen Blu-Ray/DVD der Filme entnommen, die in der Filmografie angegeben sind.

Das Ende am Anfang in DER SCHRITT VOM WEGE (Gustaf Gründgens, D 1939).

mache. Ob wir nicht doch vielleicht schuld sind. Ob sie nicht doch vielleicht zu jung war?" Die Hände verwerfend erwidert er: „Ach, Luise, lass, das ist ein weites Feld."
Das Ende von EFFI BRIEST (Hermine Huntgeburth, D 2009) und der Anfang aus DER SCHRITT VOM WEGE (Gustaf Gründgens, D 1939) bilden die Grenzmarkierungen eines weiten Feldes, das sich im Lauf von sieben Jahrzehnten ausbreitete. Effi, die sich demonstrativ von den gesellschaftlichen Normen abwendet, und der fatalistische Blick der Eltern auf ihr Grab formen die Pole der bisher fünf Adaptionen von Theodor Fontanes Roman [1895]. Nach Gustaf Gründgens Verfilmung aus dem Jahr 1939 nahm sich 16 Jahre später Rudolf Jugert mit ROSEN IM HERBST (BRD 1955) der Vorlage an. 1969 folgte in der DDR mit EFFI BRIEST von Wolfgang Luderer eine Adaption fürs Fernsehen. Nur fünf Jahre danach präsentierte Rainer Werner Fassbinder mit FONTANE – EFFI BRIEST[2] (BRD 1974) seine Interpretation des Romans. Die erste Verfilmung einer Regisseurin, Hermine Huntgeburths EFFI BRIEST, bildet den vorläufigen Abschluss der filmischen Auseinandersetzung mit Fontanes Roman. Wie die Aufzählung deutlich macht, durchschreiten die Adaptionen nicht nur 70 Jahre Film-, sondern auch deutscher Geschichte. Die Spanne reicht von der Zeit des Nationalsozialismus (Gründgens), über die Adenauer-Ära (Jugert), die DDR-Epoche (Luderer) und die Bundesrepublik der Jahre nach 1968 (Fassbinder) bis in

---

[2] Der vollständige Titel des Films lautet: FONTANE – EFFI BRIEST ODER: VIELE, DIE EINE AHNUNG HABEN VON IHREN MÖGLICHKEITEN UND IHREN BEDÜRFNISSEN UND TROTZDEM DAS HERRSCHENDE SYSTEM IN IHREM KOPF AKZEPTIEREN DURCH IHRE TATEN UND ES SOMIT FESTIGEN UND DURCHAUS BESTÄTIGEN.

die Gegenwart (Huntgeburth). Der wiederholte Bezug auf eine identische Vorlage wirft dabei die Frage nach den diversen Herangehensweisen der Filme auf. Wie hat sich Gustaf Gründgens 1939 des Buches angenommen, und in welcher Form Hermine Huntgeburth sieben Jahrzehnte später? Was blieb von Fontane? Was wurde verändert und auf immer wieder neue Weise imaginiert?

Die Frage nach den unterschiedlichen Transformationen platziert die Filme in ein Untersuchungsfeld, das sich aus drei Perspektiven betrachten lässt. Die Emanzipation von der sich ihrem Schicksal hingebenden Effi aus Gründgens DER SCHRITT VOM WEGE zur selbstbewussten, sich gegenüber der Gesellschaft behauptenden Protagonistin in der jüngsten Verfilmung deutet bereits den Fokus des ersten Aspekts, der kulturell-geistigen Anverwandlung, an. Wie wird die Protagonistin in den jeweiligen Verfilmungen dargestellt, und, damit in Verbindung, welches Gesellschaftsbild wird skizziert? Ohne es am konkreten Film vom ersten Blickpunkt scharf trennen zu können, stellt sich darüber hinaus die Frage nach der ästhetischen Anverwandlung und dem damit einhergehenden unterschiedlichen Einsatz der filmischen Parameter. Die Entwicklung vom Schwarz-Weiß-Bild im 4:3 Format bei Gründgens zu den digitalen Breitwandbildern im Jahr 2009 weist auf den offensichtlichsten Wandel hin, der sich an den stetigen Veränderungen des Produktionsmaterials zeigt. Dabei wird gleichzeitig der dritte und letzte Aspekt angesprochen, der sich im Schnittpunkt der kulturell-geistigen und der ästhetischen Anverwandlung positioniert und durch die Historizität des Medialen bestimmt ist. Dieser erschöpft sich jedoch nicht in der Alternation des filmischen Materials, sondern spricht den gesamten Produktionskontext an. Dabei steht DER SCHRITT VOM WEGE, der unter der Kontrolle der Reichsfilmkammer und ihres Vorsitzenden Joseph Goebbels entstand, im Kontrast zu Hermine Huntgeburths Verfilmung, die sich in der aktuellen Medienlandschaft und im Spannungsfeld zwischen Internet, Fernsehen und Kino positionieren muss.

Der durch den tragischen Beginn gesetzte fatalistische Grundton in Gründgens' Film und die demonstrativ ausgestellte Stärke der Hauptfigur am Ende von Hermine Huntgeburths Adaption deuten darüber hinaus einen spezifischen Bezugsrahmen an, in dem sich die Verfilmungen bewegen: Das Melodrama. Wie in den konkreten Betrachtungen der Transformationen deutlich werden soll, ist das Genre des Melodramas ein bedeutender Bezugspunkt für die einzelnen Filme. Die in der Vorlage bereits vorhandenen Grundstrukturen der Gattung werden dabei in Form der Akzentuierung, Abwandlung oder Abkehr sichtbar.

Im Folgenden steht zuerst die Transformation des Mediums Buch in die filmische Form im Vordergrund. In einem weiteren Schritt wird das Filmgenre Melodrama beleuchtet. Damit ist dann der Weg bereitet, um die Adaptionen von Fontanes Roman im Einzelnen zu analysieren.

## 2. Von Fontane in die filmische Form

Bevor es möglich ist, die unterschiedlichen Anverwandlungen von Theodor Fontanes Roman zu analysieren, ist es vonnöten, die jeden Film des Untersuchungskorpus zugrunde liegende Transformation von der literarischen in die filmische Form genauer zu fassen. Dabei geht es stärker darum, im Blick auf den bisherigen Diskurs, eine Perspektive auf die Literaturverfilmung zu etablieren, anstatt den Prozess des Übergangs von der literarischen in die filmische Form ins Zentrum zu stellen.

„An Fontanes Effi Briest erinnern nur der Schauplatz und die Namen. Nichts blieb übrig von dem, was darzustellen Fontane seine dichterische Kraft bemüht", schrieb der *Evangelischer Filmbeobachter* 1955 zu Rudolf Jugerts ROSEN IM HERBST (BRD 1955) (vgl. Evangelischer Filmbeobachter, 916/1955). Ebenfalls kritisch begegnet Ulrich Greiner in *Die Zeit* der Verfilmung aus dem Jahr 2009:

> Was Hermine Huntgeburth mit Fontanes Roman filmisch angestellt hat, ist ein Missverständnis. [...] Alles, was Fontane in seinem Roman *Effi Briest* (1895) andeutet, spricht Hermine Huntgeburth in ihrer Verfilmung offen aus, alles, was er an Ambivalenzen sieht, ist hier von unüberbietbarer Eindeutigkeit; alles, was er in der Schwebe lässt, landet hier auf dem tristen Boden des Geschlechterdiskurses. (Die Zeit, 12.2.2009)

Beide Rezensionen offenbaren in ihrer Wertung eine deutliche Orientierung an der literarischen Vorlage. Stellvertretend für einen Großteil der Kritiken, die sich mit Literaturverfilmungen auseinandersetzen, wird dem Roman dabei der Primat zugeschrieben und die Adaption in eine wertende Hierarchie zur Vorlage gestellt. Eine Rangordnung, die gleichzeitig Skepsis hervorruft, wie die Literaturwissenschaftlerin Anne Bohnenkamp nicht nur für die Filmkritik, sondern auch für die wissenschaftliche Auseinandersetzung mit Literaturverfilmungen konstatiert. Das Misstrauen bedient sich dabei oftmals der Vorstellung, „dass das literarische Original in der Verfilmung nur verlieren könne, da sie das Original zwangsläufig trivialisiere und seinen spezifischen Qualitäten nicht gerecht zu werden in der Lage sei". (Bohnenkamp 2005, 9) „Werktreue" und „unverfilmbar" sind dabei regelmäßig die Schlagwörter, die ins Feld geführt werden.

Auch André Bazin löst sich nicht vom Begriff der Werktreue, gibt ihm jedoch eine neue Färbung. Als einer der ersten Filmtheoretiker stellt er sich 1952 mit seinem Aufsatz *Für ein unreines Kino. Plädoyer für die Literaturverfilmung* (2009) auf die Seite der Literaturverfilmung, deren jüngsten Produkte er mitunter als Zeugnis für den Fortschritt der Filmkultur auf dem Weg zu einem eigenständigen Medium betrachtet. Gelungene Adaptionen würden verdeutlichen, wie man sich nicht mehr blind am Buch orientiere, sondern eigene Wege des Erzählens erkunde. Die Werktreue sei in dem Sinne nicht mehr eine simple Bebilderung der Handlung, keine „illusorische Treue des Abziehbildes" (Bazin 2009, 131). Werke wie Robert Bressons JOURNAL D'UN CURÉ DE CAMPAGNE (F 1951) bewiesen, dass der Film seine ästhetischen Strukturen wirklich begriffen habe und sich seiner selbst sowie der filmischen Mittel sicher genug sei, um hinter seinen Gegenstand zurückzutreten. Deshalb könne der Film nun eine literarische Vorlage auf die Leinwand übertragen. (vgl. ebd., 124 ff.) Bazin widerspricht damit auch jenen Kritikern, welche die Literaturverfilmung als hybride Kunstform abwerten[3], da die werkgetreue Übertragung einen umso bewussteren Umgang mit den filmischen Mitteln verlange. Der Filmemacher bemühe sich dabei aufrichtig um vollständige Entsprechung und achte dadurch die Vorlage (vgl. ebd., 124 ff.). „Die immer zahlreicheren Verfilmungen von literarischen Werken, die dem Kino sehr fernstehen, sollten die um die Reinheit der siebten Kunst besorgten Kritiker also durchaus nicht beunruhigen, im Gegenteil, sie sind das Unterpfand für deren Fortschritt" (ebd., 131). Auch wenn Bazin der filmischen Transformation Eigenständigkeit zugesteht, wird mit dem

---

[3] Eine weitverbreitete Skepsis, die Bohnenkamp als einen Grund für die stiefmütterliche Auseinandersetzung mit Literaturverfilmungen sieht (vgl. Bohnenkamp 2005, 9).

Anspruch der Achtung und vollständigen Berücksichtigung der Vorlage ein normativer Ansatz deutlich, welcher einem offenen Konzept der Literaturverfilmung entgegensteht.

Wie die Medienwissenschaftlerin Irmela Schneider deutlich macht, wurden die Ausführungen des französischen Filmtheoretikers als Irrtum abgetan und haben keine detaillierte Auseinandersetzung mit dem Thema bewirkt (vgl. Schneider 1981, 13). Nicht zuletzt Schneider selbst hat in den 1980er-Jahren mit ihrer Studie *Der verwandelte Text. Wege zu einer Theorie der Literaturverfilmung* (1981) den Diskurs über die Literaturverfilmung wiederbelebt. Lessings Schrift *Laokoon oder über die Grenzen der Malerei und Poesie* [1776] gilt ihr dabei als Ausganspunkt. Schneider betrachtet die Ausführungen des deutschen Dichters jedoch aus historischer Distanz. Sie interessiert dabei weniger seine Funktionsbestimmung der Kunst, die dem Präzept der vollkommenen Wirkung folgt. Bei Lessing ist zum Beispiel, so Schneider, die Schilderung in der Poesie eines der Kunstart zuwiderlaufendes Medium der Darstellung, da die Dominanz des Raums der Malerei gehört. Er rät dem Dichter von ausufernden Beschreibungen ab und empfiehlt stattdessen, die Beschreibung als eine Handlung darzustellen. Für Schneider produktiv ist, dass Lessing auf die unterschiedliche Materialität der Medien sowie ihre Grenzen hinweist und dabei abweichende gestalterische Mittel verlangt, sofern das gleiche Wirkungs-Ziel erreicht werden soll. (vgl. Schneider 1981, 65)

Um einen weniger normativen, neutralen Ansatz bemüht, orientiert sich Schneider im konkreten Vergleich zwischen literarischer Vorlage und der filmischen Übertragung an Julia Kristevas Konzept der Intertextualität (vgl. Kristeva 1971a) und versteht die Literaturverfilmung als semiotische Praxis: „ein wortsprachlich erzählender Text, der sich als ein Bedeutungsgefüge bestimmen lässt, das auf der Basis unterschiedlicher Codes aufbaut, wird in einen filmischen Text transformiert, der gleichfalls ein Bedeutungsgefüge bildet, das auf der Basis unterschiedlicher Codes beruht." (Schneider 1981, 120) Im Zusammenspiel von nicht-sprachlich spezifischen Codes, wie dem narrativen Code, und sprachlich-spezifischen Codes, wie den Erzähltechniken, lässt sich die Transformation einer literarischen Vorlage in filmische Form konkret fassbar machen (vgl. ebd., 134 ff.). Der Blickwinkel ist jedoch weiterhin eingeengt. Sucht Lessing in der Transformation nach der gleichen Wirkung wie in der Vorlage, so stellt sich Schneider die Frage, wie ein literarischer Text „so transformiert werden kann, dass er im filmisch-erzählenden Text wiedererkannt wird" (ebd., 134). Auch bei der deutschen Medienwissenschaftlerin sind also die Übereinstimmungen im Fokus der Gegenüberstellung.

## 2.1 Die Literaturverfilmung als Transformation

Für die Analyse der unterschiedlichen filmischen Anverwandlungen von Fontanes *Effi Briest* ist es jedoch produktiver, einen Ansatz in den Vordergrund zu stellen, der die Adaptionen stärker als Neuschöpfung betrachtet und die Literaturverfilmung nicht aus einem wertenden oder normativen Blickwinkel an der Vorlage misst. In *Palimpseste. Die Literatur auf zweiter Stufe* (1993) gibt Genette (ohne besonders detailliert auf die Frage der filmischen Adaption einzugehen) Impulse für eine produktive Annäherung an die Literaturverfilmung. Mit Palimpsest ist ein antikes oder mittelalterliches Schriftstück gemeint, von dem der ursprüngliche Text (aus Sparsamkeitsgründen) getilgt und das dann neu beschrieben wurde (vgl. Duden Fremdwörterbuch 1997, 586). Der Titel macht deutlich, wie Genette die Transformation wertet. Die Adaption ist etwas Neues, etwas Eigenständiges. Es wird nicht mehr primär nach dem gemeinsamen Kern der beiden Texte gesucht, der dann als das eigentlich Wichtige gilt, sondern vielmehr liegt der Fokus des Interesses vor allem darauf, auf welche kreative Weise ein Hypertext Elemente des Hypotexts transformiert, sie sich auf originäre Weise geistig und ästhetisch anverwandelt, Differenzen setzt. Wie die Transformation die Vorlage überlagert, es dadurch überschneidende Flächen, aber auch Überlappungen gibt, steht im Vordergrund.

Mit dem Oberbegriff Transtextualität fasst der französische Theoretiker die manifesten oder geheimen Beziehungen eines Textes zu einem oder mehreren anderen Texten (vgl. Genette 1993, 9). Die Literaturverfilmung fällt dabei in den Bereich der Hypertextualität, die jede Beziehung zwischen einem Text B (dem Hypertext) und einem Text A (Hypotext) umfasst, welche als Überlagerung und nicht als Kommentar zu verstehen ist.[4] Der Hypertext ist also von einem früheren Text abgeleitet, stellt eine Transformation eines Hypotextes (oder mehrerer) dar. Dabei unterscheidet Genette zwischen der Transformation als einer einfachen beziehungsweise direkten Bezugnahme und der Nachahmung, die eine komplexe, indirekte Aneignung einer Gruppe von Hypotexten (etwa eines Genres) bedeutet.[5] In diesem Sinne ist die Literaturverfilmung also als „Transformation" zu verstehen. Ihrer ernsthaften Form, der Transposition, entsprechen die Filme des Untersuchungskorpus.[6] Genette unterscheidet grundlegend zwischen formalen und thematischen Transpositionen. Die Kategorien sind dabei aber nicht scharf voneinander getrennt, ihre Grenzen vielmehr durchlässig (vgl. ebd., 288). Er öffnet damit ein weites Feld und betrachtet die ernsthaften Transformationen mit einem offenen, dynamischen Konzept.

Die selbstbewusst in die Zukunft blickende Effi am Ende von Hermine Huntgeburths Verfilmung oder die Vorwegnahme des tragischen Endes in DER SCHRITT VOM WEGE (Gustaf Gründgens, D 1939) sind in dem Sinne eine Neuschöpfung unter veränderten gesellschaftlichen und medialen Bedingungen. Die Filme werden dabei in ihrer Eigenständigkeit betrachtet, jedoch nicht isoliert von Fontanes Roman. Die Abwandlungen gegenüber der Vorlage weisen darauf hin, wie der Hypertext durch den Prozess der Transformation den Hypotext überlagert. Dabei macht das Herausarbeiten der Beziehungen deutlich, wie der

---

[4] Den Kommentar fasst Genette unter dem Typ der Metatextualität, dabei setzt sich Text B kritisch, reflektierend mit Text A auseinander (ohne ihn unbedingt anzuführen oder zu zitieren). Dem Metatext kommt dadurch eine kommentierende Funktion zu. (vgl. Genette 1993, 13)

[5] Die komplexe, indirekte Aneignung kann sich auf die architextuellen Strukturen, also zum Beispiel die Gattungszugehörigkeit eines Textes, beziehen, und anverwandelt dabei mehr einen Stil, eine „typische Manier", und bezieht sich so in übertragener Form auf eine Textgruppe (vgl. ebd., 9 ff.).

[6] Neben der Transposition gibt es auch noch die spielerische (Parodie) und die satirische (Travestie) Transformation. Wie Genette betont, sind auch hier die Kategorien keineswegs klar abgegrenzt, sondern können auch ineinander übergehen. (vgl. ebd., 43 ff.)

Hypertext den Hypotext interferiert und keineswegs ersetzt. Dadurch entsteht das hypertextuelle Gefüge, auf dessen Grundlage in dieser Studie die unterschiedlichen filmischen Herangehensweisen an Fontanes Roman beleuchtet werden.

## 2.2 Das Remake

Genettes offenes Konzept der Hypertextualität wirft die Frage auf, ob man Überlagerungsbeziehungen auch zwischen den Filmen erkennen kann und somit die filmischen Transformationen des Effi-Stoffes ebenfalls aus der Perspektive des Remakes betrachten sollte.

Michael B. Druxman, der mit *Make it Again, Sam* (1975) eine der ersten theoretischen Abhandlungen zum Remake verfasste, grenzt seine Definition des Begriffs stark ein. Laut Druxman müssen Originalfilm und Remake auf der gleichen literarischen Vorlage basieren (vgl. ebd., 9). In diesem Sinne wären ab ROSEN IM HERBST alle filmischen Adaptionen von *Effi Briest* als Remakes und nicht allein als Literaturverfilmungen zu betrachten. Druxmans Ansatz stellt jedoch eine Verkürzung dar, da er auch Werke als Remake klassifiziert, deren konkreter filmischer Bezug zu einem vorherigen Film nur schwer herauszuarbeiten ist. Das hält auch Jochen Manderbach in seiner Arbeit *Das Remake – Studien zu seiner Theorie und Praxis* (1988) fest und schlägt eine Definition vor, die stärker auf die Beziehung zwischen den Filmen eingeht:

> Remake. Die Neuverfilmung eines schon einmal verfilmten Stoffes. Als Remakes bezeichnet man nur solche Filme, die einen Vorläufer mehr oder weniger detailgetreu nachvollziehen – meist aktualisiert, bisweilen in andere Genres übertragen, gelegentlich auch in ganz andere Schauplätze und Zeiten versetzt. (ebd., 13)

Manderbachs Perspektive wird erneut durch die Adäquatheitstendenz eingeengt, wenn er im Vergleich zwischen erstem Film und Remake primär nach den Parallelen sucht. Dies mündet schließlich in einem wertenden Urteil, das den meisten Filmen ein abfallendes Niveau gegenüber der Vorlage bescheinigt (vgl. ebd., 62). Allerdings erscheint der Gedanke, dass für ein Remake ein filmischer Hypotext unerlässlich ist, fruchtbar. Norbert Grob betrachtet das Remake aus einer neutraleren Warte. Für ihn folgt es „der Devise: immer das gleiche, nur immer anders. Wobei es allerdings nie um Imitation geht, sondern um Modifikation; nie um Wiederholung, sondern um Variation" (Grob 2001, 345). In Grobs Verständnis lässt sich auch das Remake, wie in diesem Konzept für die Literaturverfilmung herausgearbeitet, als Neuschöpfung verstehen, als ein Hypertext, der einen filmischen Hypotext (ob Literaturverfilmung oder nicht) überlagert.

Manderbach und Grob gemeinsam ist, dass sie ihre Definitionen auf den Beziehungen zwischen filmischem Original und Remake aufbauen. Es macht deshalb nur Sinn, einen Film im Licht des Remakes zu betrachten, wenn er sich als eine Anverwandlung eines filmischen Hypotextes betrachten lässt. In Abgrenzung zur Literaturverfilmung müssen die Bezüge also deutlicher auf eine vorherige filmische, statt auf die literarische Vorlage verweisen.[7] Dies kann selbstverständlich auch nur auf einzelne Aspekte der Transformation zutreffen.

Die Literaturverfilmung respektive das Remake als Transformation zu betrachten, schließt nicht aus, dass man sich in der Bildsprache oder der Behandlung der Themen auf mehrere Filme oder gar ein Genre bezieht.[8] Geschieht dies auf deutliche und direkte Weise, geraten auch Aspekte des hypertextuellen Verfahrens der Nachahmung[9] ins Blickfeld. Vorgreifend stellt sich zum Beispiel bei Fassbinders Verfilmung die Frage, ob sein Spiel mit den Konventionen des Melodramas in Bezug zu DER SCHRITT VOM WEGE und ROSEN IM HERBST gestellt

---

[7] Ein prägnantes Beispiel wäre zum Beispiel Gus van Sants PSYCHO (USA 1998), der sich (beinahe) Einstellung für Einstellung an Alfred Hitchcocks PSYCHO (USA 1960) orientiert. Die Beziehung zum Horrorklassiker ist dabei präsenter als die zur literarischen Vorlage von Robert Bloch.

[8] Genette schreibt zu diesem Sachverhalt: „Dies schließt die Möglichkeit gemischter Verfahren keineswegs aus, wenn etwa ein Hypertext einen Hypotext transformiert und damit einen anderen nachahmt: Die Travestie stellt jene Transformation eines vornehmen Textes dar, bei der der Stil eines anderen, diffuseren Textes, nämlich der Vulgärsprache, nachgeahmt wird." (Genette 1993, 46)

[9] Auch hier unterscheidet Genette wieder zwischen der spielerischen (Pastiche), satirischen (Persiflage) und der ernsthaften (Nachbildung) Nachahmung (vgl. Genette ebd., 44).

werden kann, die sich mehr oder weniger stark an den Strukturen dieses Genres orientieren. Hier treten Modifikationen und Variationen auf, wie sie Grob nennt, die einen stärkeren Bezug zu den Vorgängerfilmen oder einem Genre aufweisen könnten als zur literarischen Vorlage. Vor der genauen Analyse der Filme wird deshalb im nächsten Kapitel auf das Genre des Melodramas eingegangen.

# 3. Das Melodrama

Wie bereits in der Einleitung angesprochen, finden sich in einzelnen Transformationen von *Effi Briest* Aspekte des Melodramas, die sich verstärkt auf die filmischen Darstellungsweisen der Gattung berufen. Aus diesem Grund ist es sinnvoll, das Genre als Orientierungspunkt für die Adaptionen genauer zu fassen. Besonders die narrativen Grundstrukturen und ihre enge Verbindung zu einem spezifischen Einsatz der formalen Mittel im Melodrama sollen an der konkreten Beschreibung einzelner Filmbeispiele stellvertretend ablesbar werden, um dann ähnliche oder abweichende Elemente in den Adaptionen von *Effi Briest* klarer herausarbeiten zu können.

In seinem einflussreichen Aufsatz zur literarischen Form des Melodramas, *Die melodramatische Imagination* [1976], der auch die filmwissenschaftliche Forschung maßgeblich beeinflusste, geht Peter Brooks kurz auf den Film ein und bezieht sich dabei auf die ursprüngliche Bedeutung des Begriffs Melodrama: Drama mit Musik. In diesem Sinne findet er in der musikalischen Begleitung des Stummfilms, welche die Charaktere und Ereignisse mit einer eindeutigen Identität ausstatte, ein wesentliches Merkmal der gattungsspezifischen Darstellungsweise. Ein Merkmal, das laut Brooks auch im Tonfilm nicht verschwindet und das Kino zum legitimen Erben der melodramatischen Tradition aus der Literatur und dem Theater macht. (vgl. Brooks 1994, 51) Brooks zeichnet damit eine Entwicklungslinie, anhand derer sich die lange Tradition des Genres im Film ablesen lässt, mit zum Beispiel D. W. Griffiths BROKEN BLOSSOMS OR THE YELLOW MAN AND THE GIRL (USA 1919) als einen der ersten Marksteine.

In der filmwissenschaftlichen Auseinandersetzung mit dem Melodrama und seiner Darstellungsweisen werden bis heute jedoch die Filme der 1950er-Jahre und besonders Douglas Sirks Werke ins Zentrum gestellt oder als Ausgangspunkt gewählt. Thomas Schatz nennt in seinem Buch *Hollywood Genres: Formulas, Filmmaking and the Studio System* den deutschstämmigen Regisseur gar als archetypischen Melodramatiker, dessen spezifischer Filmstil, in der Wissenschaft, auf

andere zeitgenössische Regisseure wie Vincent Minelli oder Elia Kazan übertragen wurde (vgl. Schatz 1981, 246). Dadurch entsteht vorschnell der Eindruck, dass sich das Genre des Melodramas im Allgemeinen anhand der Merkmale seiner Filme ablesen lasse. Modernere Ansätze wie zum Beispiel Steve Neales Kapitel zum Melodrama in *Genre and Hollywood* widersprechen solchen Auffassungen vehement (vgl. Neale 2000, 179 ff.). Neale weist darauf hin, wie erst im Rückblick durch die filmwissenschaftliche Auseinandersetzung in den 1970er-Jahren die Werke Douglas Sirks oder Vincent Minellis als Melodramen bezeichnet wurden. Neale fasst das Genre als eine zeitgebundene, fluide Gattung, die in ihren Anfängen oftmals Actionfilme bezeichnete oder auch auf die früheren Film Noirs der 1940er-Jahre angewendet wurde, die Paul Schrader in seinem Aufsatz *Notes on Film Noir* bezeichnenderweise als Melodramen betrachtet (vgl. Schrader 1995, 216). Der Ansatz differenziert das Genre weiter aus und unterscheidet anhand der unterschiedlichen Anwendungen elementarer Grundstrukturen wie dem Kampf zwischen Gut und Böse oder der klassischen Figurenkonstellation eines Helden, einer Heldin und eines Bösewichts zwischen dem „Melodrama of Passion" und dem handlungsbetonten Melodrama. Das bringt zuerst befremdlich anmutende melodramatische Helden wie John McClane (Bruce Willis) in DIE HARD (John McTiernan, USA 1988) hervor (vgl. Neale 2000, 197 ff.). Ein breites Spektrum öffnet sich und es werden die weitreichenden Verästelungen des Genres aufgezeigt, das Neale passenderweise mit einem Cluster-Konzept vergleicht (vgl. ebd., 201).
Für eine produktive Bezugnahme ist eine Eingrenzung des Melodramas notwendig. Unter Berücksichtigung des Untersuchungskorpus wird an dieser Stelle das amerikanische Melodrama der 1950er-Jahre (mit den Filmen Douglas Sirks im Zentrum) in den Fokus gerückt. Die Struktur und spezifische Darstellungsweise des amerikanischen Melodramas, aber auch Bezugspunkte zu seinen Vorgängern oder späteren Abwandlungen, finden sich in den Transformationen von Effi Briest wieder. Besonders im Zusammenhang mit Gustaf Gründgens 1939 entstandener Adaption sind auch Douglas Sirks frühere, in den 1930er-Jahren in Deutschland entstandenen Melodramen wie ZU

NEUEN UFERN (D 1937) zu erwähnen. In ihnen zeigen sich bereits ansatzweise die Aspekte, welche im Folgenden anhand der Filme der 1950er-Jahre herausgearbeitet werden. Im Kapitel zu DER SCHRITT VOM WEGE (Gustaf Gründgens, D 1939) wird dann noch genauer auf die deutschen Melodramen der damaligen Zeit Bezug genommen. An dieser Stelle ist ebenfalls Vorsicht geboten, die Aspekte besagter Melodramen und besonders die Herangehensweisen Douglas Sirks unreflektiert auf andere Filme zu übertragen. Sein großer Einfluss, nicht zuletzt auf Fassbinder[10], lässt sich jedoch ebenfalls nicht negieren und öffnet Türen, Elemente oder Abwandlungen von Sirks Filmen in anderen Werken aufzuspüren.

Der Beginn von WRITTEN ON THE WIND (Douglas Sirk, USA 1956) zeigt die spezifische Darstellungsweise der amerikanischen Melodramen der 1950er-Jahre eindrucksvoll auf: Ein gelber Sportwagen durchschneidet in mörderischem Tempo das dunkelblaue Morgengrauen. Im Hintergrund ragen die Öl-Türme und der Hauptsitz der Hadley-Oil-Company in den Himmel. Das Auto wird vom jungen Kyle Hadley (Robert Stack) gefahren, der voller Verzweiflung und vom Alkohol blind nach Hause rast, um seinen besten Freund wegen einer angeblichen Affäre mit seiner Frau zu töten. Dort scheint man ihn bereits zu erwarten. Mit besorgtem Blick beobachtet Mitch (Rock Hudson) dutch das Fenster, wie sein Jugendfreund vor dem Eingang des Hauses abbremst. Über die Bilder legt sich die Stimme Al Alberts von *The Four Aces*: „A faithless lover's kiss is written on the wind. A night of stolen bliss is written on the wind. Just like the dying leaves our dreams we've calmly thrown away. Now they've blown away, softly flown away." Auch Lucy Hadley (Lauren Bacall) hört die Ankunft ihres Mannes. Schwerfällig versucht sie sich aus ihrem Bett zu erheben, gibt es jedoch auf. Noch
einen letzten Schluck nimmt Kyle aus der Whiskey-Flasche, schmettert sie an die Wand und reißt die Haustüre weit auf. Der Wind weht mit ihm die besungenen Blätter in die Eingangshalle. Torkelnd wankt er in die angrenzende Bibliothek. Die Kamera bleibt draußen stehen.

---

[10] So schrieb Fassbinder einmal: „Ich habe 6 Filme von Douglas Sirk gesehen. Es waren die schönsten der Welt dabei." (Fassbinder 1992, 24)

Das Ende am Anfang in WRITTEN ON THE WIND.

Mit „What's written on the wind is written in my heart" schließt das Lied. Alleine der Wind ist zu hören, der unentwegt das Laub ins Haus treibt. Ein Schuss unterbricht das Rauschen. Die Waffe fallen lassend sackt Kyle vor dem Eingang zusammen. Wo vorher Mitch stand, wendet nun Lucy mühevoll den Blick vom Geschehen ab. Die Vorhänge scheinen sie beinahe nicht loszulassen, als sie erschöpft in sich zusammenfällt. Den Blick von ihr abwendend, zeigt die Kamera einen Kalender, der ein Jahr zurückblättert. Zu jenem schicksalhaften Tag, als die tragischen Ereignisse ihren Lauf nahmen.

Der Beginn von WRITTEN ON THE WIND macht bereits deutlich, wie Fassbinder die Filme des deutschstämmigen Regisseurs charakterisierte: „Sirk hat gesagt, Film, das ist Blut, das sind Tränen, Gewalt, Hass, der Tod und die Liebe. Und Sirk hat Filme gemacht, Filme mit Blut, mit Tränen, mit Gewalt, Hass, Filme mit Tod und Filme mit Liebe." (Fassbinder 1992, 11) Die Geschichte des reichen Erben Kyle Hadley, der unter der Missachtung seines Vaters leidet und nun auch noch befürchtet, seine Frau an den Jugendfreund zu verlieren, beinhaltet diesen Hass, diese unerfüllte Liebe. Und das tragische Ende, welches im Tod der armen Figur endet, bietet die Gewalt, das Blut und die Tränen. Kurzum, großes Drama und große Gefühle. Fassbinder schreibt weiter:

> Sirk hat gesagt, man kann nicht Filme über etwas machen, man kann nur Filme mit etwas machen, mit Menschen, mit Licht, mit Blumen, mit Spiegeln, mit Blut, eben mit all diesen wahnsinnigen Sachen, für die es sich lohnt. Sirk hat außerdem gesagt, das Licht und die Einstellung, das ist die Philosophie des Regisseurs. (ebd., 11)

Was der deutsche Regisseur hier anspricht, ist der Fokus, den Sirk auf die Mise-en-scène und ihre Inszenierung legt, welches Gewicht sie für die Handlung und die Charakterisierung der Figuren erhält. Wie der Filmwissenschaftler Geoffrey Nowell-Smith für das Melodrama der 1950er-Jahre festhält, dienen die Musik und die Mise-en-scène nicht nur der Akzentuierung der Emotionalität von Handlungselementen, sondern sind bis zu einem gewissen Maß ihr Ersatz (vgl. Nowell-Smith 1977, 117). Die unterdrückten Probleme der Figuren, die nicht ausgesprochen oder aufgelöst werden können, erfahren eine Konversion, eine Externalisierung und werden auf dem Körper des Films sichtbar, wie es Michael Palm beschreibt (vgl. Palm 1994, 212f.). Palm entdeckt damit im Melodrama eine spezifische Form der Äußerung, die sich nicht in vereinzelten Momenten erschöpft; in maßlosen, exzessiven Eruptionen wie dem Beginn von WRITTEN ON THE WIND aber besonders deutlich hervortritt (vgl. ebd., 212f.). Es ist im Ansatz die gleiche Sichtweise, die auch Thomas Elsaesser in *Tales of Sound and Fury – Anmerkungen zum Familienmelodram* [1972] einnimmt. Ein Aufsatz, der neben Jon Hallidays Gespräch mit dem Regisseur von WRITTEN ON THE WIND in *Sirk on Sirk* (1971) und dem Begleitband *Douglas Sirk* zum Edinburgh Film Festival von 1972[11] als Ausgangspunkt einer bis heute anhaltenden Auseinandersetzung mit dem Werk Sirks und dem Melodrama betrachtet werden kann. Auch Elsaesser sieht das Melodrama als eine spezifische Form dramatischer Mise-en-scène, die geprägt ist vom dynamischen Einsatz räumlicher und musikalischer Parameter – im Gegensatz zu intellektuellen oder literarischen Ausdruckscodes (vgl. Elsaesser 1994, 104). Es ist die „Sublimierung des dramatischen Konflikts ins Dekor, in Farbe, Gestik und Bildkomposition, die in den besten Melodramen im emotionalen und psychologischen Schicksal der Figuren perfekt thematisiert wird" (ebd., 105). In diesem Zusammenhang bezieht er sich ebenfalls auf WRITTEN ON THE WIND und zitiert den Regisseur selbst, der darauf aufmerksam macht, wie er im Film eine tiefenscharfe Optik verwendet habe, die den Gegenständen eine gewisse Rauheit und den Farben eine Art von emaillierter, harter Oberfläche gebe. Sirk wollte damit die innere Gewalt, die Energie der Figuren herausarbeiten, die tief in ihnen drin sei und nicht hervorbrechen könne (vgl. Sirk zit. in ebd., 93). Der Regisseur spricht dabei ein

---

[11]   1972 zeigte das Edinburgh Film Festival eine Retrospektive zu Douglas Sirk.

Handlungsmuster an, das typisch für die Melodramen der 1950er-Jahre ist: die Unmöglichkeit der Figuren ihre Probleme zu bewältigen. Nowell-Smith sieht hier den Kontrast zwischen dem Melodrama und dem Western sowie hauptsächlich weiblichen gegenüber männlichen Hauptfiguren. Der aktive Held sei der Protagonist des Western, während das Melodrama meist eine passive oder impotente Heldin habe (vgl. Nowell-Smith 1977, 115). Auch Elsaesser nimmt die Unterscheidung zwischen den beiden Genres auf, wenn er dem Western eine offene und dem Melodrama eine geschlossene Welt bescheinigt. Der Cowboy könne positiv handeln, die Bewegung, die aus den Konflikten erwachse, treibe ihn auf einem unerbittlichen linearen Kurs vorwärts. Im Gegensatz dazu wirke das soziale Milieu beengend auf die melodramatische Heldin ein, erlaube ihr nur eine negative Identität, die in Leiden und fatalistischer Resignation münde. (vgl. Elsaesser 1994, 110) Elsaesser formuliert es nochmals anders:

> Im einen Fall bewegt sich das Drama auf seine Auflösung zu, indem die zentralen Konflikte erfolgreich externalisiert und in direkte Aktion projiziert werden. [...] Nicht so im Familienmelodram: Der soziale Druck ist hier so stark, und die Grenzen des Anstands sind so eng gezogen, dass der Raum für ‚heftiges' Handeln beschränkt bleibt. Die vielsagende hilflose Geste, der soziale Fauxpas, der hysterische Ausbruch ersetzen die unmittelbarer befreiende oder selbstzerstörerische Handlung, und die kathartische Gewalt eines Shoot-Out oder einer Verfolgungsjagd wird zur inneren Gewalt, die die Figuren oft gegen sich selbst richten. (ebd., 110)

Die Konflikte, welche die Figuren nicht nach außen tragen, sondern in sich hineinfressen, und die höchstens in hilflosen Gesten an die Oberfläche drängen, machen deutlich, wovon Elsaesser spricht, wenn er hervorhebt, wie eng der Stil und die Technik in den Melodramen mit der Handlung verbunden sind (vgl. ebd., 93). Anstatt in den Aktionen müssen in der Umgebung die Konflikte der Figuren und die Unmöglichkeit ihrer Auflösung deutlich werden. Das sei auch der Grund, weshalb das Melodrama der 1940er- und 1950er-Jahre „die elaborierteste, komplexeste kinematographische Form der Signifikation darstellt, die das amerikanische Kino je hervorgebracht hat" (ebd., 105). Douglas Sirk bringt seinen Ansatz auf einen einfachen Punkt, wenn er im Gespräch mit Jon Halliday sagt: „a set is an expression of the people in it" (Halliday 1971, 35).

Wie bereits erwähnt, lassen sich in den Melodramen anderer Regisseure wie Max Ophüls oder Vincent Minelli ähnliche Qualitäten wie in den Filmen Douglas Sirks finden. Stellvertretend sei an dieser Stelle ein Blick auf Nicholas Rays BIGGER THAN LIFE (USA 1956) geworfen: Im Mittelpunkt steht der von James Mason gespielte Lehrer Ed Avery[12], der nur dank eines heimlichen Nebenjobs die Ansprüche seiner Familie befriedigen kann. Aufgrund einer unheilbaren Krankheit wird ihm vom Arzt nur noch eine kurze Lebensdauer bescheinigt. Eine neue Wundermedizin schafft Abhilfe und unterdrückt die Symptome, welche sich in unerträglichem Schmerz äußern. Doch das Mittel hat seine Nebenwirkungen und macht den fürsorglichen Familienvater zum Sadisten, der schlussendlich zur Gefahr für Frau und Sohn wird. Ed Avery bemüht sich zu Beginn, seiner Arbeit, die ihn aufreibt, gerecht zu werden, um seine Rolle des erfolgreichen Ehemannes und Vaters zu wahren. Die Krankheit und ihre Symptome sowie der Kampf dagegen sind die externalisierten Zeichen des inneren Schmerzes und der Angst zu scheitern. Auf die Spitze getrieben wird dies, wenn in einer Montagesequenz die lindernde Wirkung des Kortisons anhand einer Grafik veranschaulicht wird, während im Hintergrund der anfänglich vor Schmerzen gekrümmte Körper Averys sich langsam entspannt.

 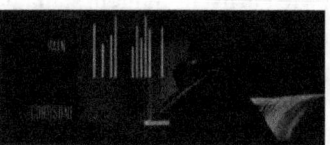 

Die kaputte Psyche der Hauptfigur tritt an die Oberfläche in BIGGER THAN LIFE.

Die Nebenwirkungen werfen in der Folge einen sprichwörtlichen Schatten auf die Hauptfigur und schildern den Kampf um Anerkennung und Erfolg in düsteren Farben. Der Protagonist aus Nicholas

---

[12] Wenn ein Mann anstatt einer Frau im Mittelpunkt des Melodramas steht, so macht es Nowell-Smith deutlich, geht dies meist mit einer Schwächung seiner Männlichkeit einher (vgl. Nowell-Smith 1977, 115).

Rays Film befindet sich in einem unlösbar scheinenden Konflikt mit sich selbst und den eigenen Erwartungen.

Mit den Gefühlen als Handlungszentrum des Melodramas trägt die Mise-en-scène ebenfalls die inneren Konflikte der Figuren nach außen. Was bei Ray in der Darstellung der Krankheit deutlich wird, zeigt sich bei Sirk unter anderem in der wiederholten, narrativen Verwendung von Spiegeln und Hindernissen, mit denen die Figuren konfrontiert werden. Gitter und Ähnliches versperren den Protagonisten den Weg, stellen das mentale Gefängnis dar, welches die Figuren bewegungs- und handlungsunfähig macht. So zum Beispiel, wenn sich Lucy Hadley in WRITTEN ON THE WIND vergeblich aus den Vorhängen zu befreien versucht und zusammenbricht. Der Blick in die reflektierenden Oberflächen lässt sich vielfach deuten: Mitunter als die illusorischen Wunschbilder der Protagonisten, die am Anfang und Ende der persönlichen Aktionen stehen (Prokosch 1972, 89), andernfalls als die Weigerung, das Spiegelbild anzuerkennen, die eigene Rolle in der Gesellschaft zu reflektieren oder wahrzuhaben (Willemen 1972, 132). Gleichzeitig kann die Reflektion aber auch wie ein Schock wirken. So zum Beispiel in ALL THAT HEAVEN ALLOWS (Douglas Sirk, USA 1956): Die Witwe Cary Scott (Jane Wyman) hat sich in ihren Gärtner (Rock Hudson) verliebt, was bei ihren eigenen Kindern und den Nachbarn auf Widerstand stößt. Sie solle sich vernünftigerweise mit etwas Passenderem beschäftigen, wie Fernsehschauen, schlägt ihre beste Freundin vor. Zu Weihnachten schenken ihr die Kinder das entsprechende Gerät, und der Verkäufer rollt es ins Wohnzimmer. Langsam fährt die Kamera an den Fernseher, bis nur noch die Reflektion von Cary im Rahmen der Mattscheibe zu sehen ist. Daneben schwärmt der Vertreter, wie sie in der kleinen Box „drama ... comedy ... life's parade at your fingertips" haben könne. Fassungslos schaut die Mutter auf das schwarze Bild. Es wird ihr schmerzhaft bewusst, dass ihre Kinder sie nicht ernst nehmen und ihre Gefühle für den Gärtner zu den harmlosen Emotionen reduzieren, die im Fernseher vor ihr zu finden sind (vgl. Camper 1971, 54).

Es ist die Tragik der Figuren, dass sie nach dem unmöglichen Höherem streben und dabei ihr Verhalten im erbarmungswürdigen Widerspruch zu ihren eigentlichen Absichten steht (vgl. Elsaesser 1994, 111 ff.). Darin kommt auch die deutliche Gesellschaftskritik zum Ausdruck, die Elsaesser den Melodramen Sirks und anderen bescheinigt:

> Im Hollywoodmelodram spielen Operettenfiguren die Tragödien der Menschheit durch, als welche sie die Widersprüche der amerikanischen Zivilisation erfahren. [...] Der Widerspruch zwischen Sein und Schein, Absicht und Ergebnis schlägt sich als furchtbare Enttäuschung nieder, und eine ständig wachsende Kluft öffnet sich zwischen den Gefühlen und der Wirklichkeit, nach der sie streben. Das wahre Pathos liegt gerade in der Durchschnittlichkeit dieser Menschen, die so hohe Ansprüche an sich stellen, die versuchen, nach einem erhabenen Menschenbild zu leben, stattdessen aber jene unauflösbaren Widersprüche ausleben, die den amerikanischen Traum in einen sprichwörtlichen Alptraum verwandelt haben. (ebd., 127)

Nowell-Smith konstatiert das Gleiche, wenn er das Melodrama dafür lobt, seine Konflikte nicht auflösen zu können und sie deshalb in ihrer schamlosen Widersprüchlichkeit offenlege. Hier werde die implizite Kritik an der amerikanischen Gesellschaft der 1950er-Jahre ersichtlich (vgl. Nowell-Smith 1977, 118). Oder, wie es Fassbinder in seinem Kommentar zu ALL THAT HEAVEN ALLOWS schreibt: „Nach dem Film ist die amerikanische Kleinstadt das letzte, wo ich hinwollte." (Fassbinder 1992, 13)

Im Zusammenspiel mit den besprochenen Handlungsmustern wird die Kritik, besonders bei Sirk, durch die Distanzierung des Geschehens markiert. Eine Distanz, die der Regisseur für den kritischen Gestus als notwendig erachtet (vgl. Sirk zit. in Cahiers du cinéma, April 1967). Die Gegenstände, welche sich zwischen die Figuren und die Kamera stellen, sowie die Verwendung von Spiegeln sind in der Verbindung auch als Werkzeuge zu verstehen. Die Protagonisten und das Geschehen werden dem Zuschauer nur partiell oder indirekt gezeigt, der unmittelbare Blick dadurch verweigert. Wie Paul Willemen in seinem Aufsatz *Towards an Analysis of the Sirkian System* (1972) anmerkt, lassen sich solche Strategien bei Sirk bis auf seine Anfänge im Theater zurückführen. 1929 inszenierte der damalige Intendant des Bremer

Stadttheaters Bertolt Brechts *Dreigroschenoper*. Später habe er Brechts Kritik an bourgeoisen Auffassungen auf das Hollywoodkino der 1950er-Jahre transformiert (Willemen 1972, 128). Hatte Sirk (nach eigenen Aussagen) das Stück noch harscher inszeniert, als es Brecht beabsichtigte (vgl. Sirk zit. in Halliday 1971, 23), wendete er in seinen Filmen weniger direkte Strategien zur Verfremdung an. Anstatt mit Elementen wie der stilisierten Sprache oder reduzierten Kulissen zu arbeiten, herrschen in Filmen wie WRITTEN ON THE WIND Formen der Übertreibung, des Exzesses vor, durch die der Zuschauer eine kritische Distanz zum Dargestellten einnehmen und die Widersprüche der Realität erkennen soll. So weist Mike Prokosch darauf hin, dass in ALL THAT HEAVEN ALLOWS[13] die Innen- und Außenaufnahmen konsequent in gelbes respektive blaues Licht getaucht sind. Dadurch entsteht eine deutliche Distinktion und Artifizialisierung der Umwelt, in der die Figuren agieren. Das Zurück-zur-Natur-Thema, welches sich in der Liebe zum Gärtner zeigt und in Opposition zur einengenden Vorstadt steht, wird zu einer limitierten, unwirklichen Lösung für die Obsession der Hauptfigur nach Selbstbestimmung (vgl. Prokosch 1972, 89). Die Maßlosigkeit kulminiert sich am Ende von ALL THAT HEAVEN ALLOWS in der scheinbar glücklichen Vereinigung: Endlich entschließt sich Cary, zu ihrer Liebe zu stehen. Sie fährt zur alten Mühle und ist enttäuscht, als sie Ron dort nicht antrifft. Doch wie sie Zuhause erfährt, war er auf der Jagd und versuchte vergeblich, aus weiter Entfernung, auf sich aufmerksam zu machen. Dabei stürzte er von einem Hang und blieb bewusstlos liegen. Voller Sorge kehrt sie zur alten Mühle zurück und wacht die ganze Nacht am Krankenbett. Der Arzt verordnet Ruhe und Zeit zur Erholung. Bangend schaut Cary aus dem übergroßen Fenster in die verschneite Landschaft, als ein Rehbock am Fenster erscheint. Im gleichen Moment öffnet Ron die Augen. Cary legt ihren Kopf auf seinen Brustkorb und sagt: „I've come home". Langsam entfernt sich die Kamera vom Paar und zeigt das Tier im blauen Licht.

---

[13] Die Distanzierung beginnt bereits im Titel. Den Produzenten gefiel der Titel, weil er für sie bedeutete, dass man im Leben alles haben könne. Doch Sirk spielte vielmehr auf das Gegenteil und die Unerreichbarkeit der eigenen Wunschvorstellungen an. (vgl. Mercer/Shingler 2004, 50)

Das unwirkliche Happy-End in ALL THAT HEAVEN ALLOWS.

„Aber jetzt, wo sie da ist, da ist das kein Happy-End, obwohl sie zusammen sind die beiden. Wer sich so Schwierigkeiten macht mit der Liebe, glücklich wird der nicht sein können später", konstatiert Fassbinder (Fassbinder 1992, 13). Er interpretiert damit das Finale im Sinne des Regisseurs. Sirk empfand große Ablehnung gegenüber dem glücklichen Ende des Films, das ihm vom Studio aufgezwungen wurde.[14] Er inszenierte es in einer Form, die den Zuschauer an der glücklichen Vereinigung der Liebenden zweifeln lässt. Fassbinders Skepsis lässt sich wieder auf die narrative Funktion der Mise-en-scène zurückführen:

> Und dann sind die Leute bei Sirk alle in Räume gesetzt, die schon extrem von deren gesellschaftlicher Situation geprägt sind. Die Räume sind außerordentlich genau. In Janes Haus kann man sich eben nur auf eine bestimmte Art bewegen. Da fallen einem eben nur bestimmte Sätze ein, wenn man was sagen will, und bestimmte Gesten, wenn man was ausdrücken will. [...] Drum ist das Happy-End auch keines. Jane passt in ihr Haus besser als in Rocks Haus. (ebd., 14)

Die Renovierung der Mühle für Cary ist ein vergeblicher Versuch Rons, die Gräben zwischen ihnen zu überbrücken. Der abschließende Blick durch das überlebensgroße, von Gitterlinien durchzogene Fenster auf den Rehbock ist die angeblich fassbare Himmelsutopie, die im Titel angesprochen wird. Im Interview mit *Cahiers du cinéma* sagte Sirk, wenn du versuchest, das Glück zu greifen, würden deine Finger

---

[14] Unter dem Produzenten Albert Zugsmith genoss Douglas Sirk große Freiheiten und ließ die entsprechenden Filme (WRITTEN ON THE WIND und THE TARNISHED ANGELS (Douglas Sirk, USA 1957)) in seinem Sinne tragisch enden, während er sich bei Produktionen wie MAGNIFICENT OBSESSION (Douglas Sirk, USA 1954) oder eben ALL THAT HEAVEN ALLOWS zu Konzessionen gegenüber der Produktionsfirma gezwungen sah (vgl. Halliday 1971, 9).

nur Glas berühren (vgl. Sirk zit. in Cahiers du cinéma, April 1967). Das bildfüllende Fenster ist in dem Sinne auch als Bezug zur Kinoleinwand zu verstehen, die uns eine Projektion des Glücks scheinbar zum Greifen nahe präsentiert. Sirk gibt dem Zuschauer eine Leseanleitung mit auf den Weg, wie er jene Wunschvorstellung deuten kann.[15]

Die Wellenbewegung der Gefühle geht mit einer Übertreibung einher, die sie auf ein loses Fundament stellt. Der Filmwissenschaftler Fred Camper weist darauf hin, dass Sirks Bilder keine primären Assoziationen zulassen. Der Rehbock in der verschneiten Winterlandschaft bedeutet nicht direkt Glück und Harmonie. Die Überstilisierung der Elemente führt vielmehr dazu, dass sie und die damit zusammenhängenden Assoziationen als künstlich, unmöglich wahrgenommen werden (vgl. Camper 1971, 46). Im genauen Blick auf solche Momente wird deutlich, wie sich die Distanzierungs- und Verfremdungsstrategien bei Sirk unter der scheinbaren Oberfläche zeigen. Wie Paul Willemen erläutert, bricht Sirk nicht mit den Regeln des amerikanischen Genres, er umarmt sie vielmehr rückhaltlos und stellt im Exzess ihre Strukturen aus (vgl. Willemen 1971, 65). Dabei entsteht das eigentümliche Zusammenspiel von Empathie mit den zur Identifikation einladenden Protagonisten (vgl. Mercer/Shingler 2004, 12) sowie den Hinweisen, deren Glück und Tragik zu hinterfragen, um die Widersprüche innerhalb der Gesellschaft aufzudecken. Dies erhellt, was Elsaesser abschließend in seinem Aufsatz zu den Konflikten und dem Scheitern der Figuren sagt:

> Das macht die besten amerikanischen Melodramen der fünfziger Jahre nicht nur zu kritischen sozialen Dokumenten, sondern zu echten Tragödien, trotz oder gerade wegen ihrer Happy-Ends [...] Mit offener, bewusster Ironie empfehlen sie als Heilmittel eine erhöhte Dosis jenes liberalen Idealismus, der sie in die Welt gesetzt hat. (Elsaesser 1994, 127)

Das Melodrama, wie es Elsaesser auf die 1940er-, 1950er-Jahre und die Werke bestimmter Regisseure eingrenzt, brachte und bringt bis

---

[15] Eine Leseanleitung, von der Sirk nicht erwartete, dass sie das amerikanische Publikum verstehen würde. Die Amerikaner seien zu simpel und naiv, so Sirk (Sirk zit. in Halliday 1971, 73).

heute eine Reihe von Kindern hervor, die mehr oder weniger direkt das Erbe dieser Werke antreten: John Cassavetes mit A WOMAN UNDER THE INFLUENCE (USA 1974) oder Rainer Werner Fassbinders ANGST ESSEN SEELE AUF (BRD 1974) radikalisieren mit ihrer dokumentarischen respektive strengen Bildsprache die Elemente des Melodramas. Gleich verhält es sich bei den konsequent symmetrisch ausgerichteten Bildkompositionen in Zhang Yimous DA HONG DENG LONG GAO GAO GUA (CHN 1991), welche die gnadenlose Unterdrückung der Protagonistin akzentuieren. Pedro Almodóvars[16] LOS ABRAZOS ROTOS (E 2009) oder Todd Haynes FAR FROM HEAVEN (USA 2002)[17] lehnen sich hingegen in Form des Pastiches respektive der Parodie (vgl. Genette 1993, 44) in einem postmodernen Stil an die Melodramen Sirks und Co. an. Filme wie MAURICE (James Ivory, GB 1987) oder BROKEBACK MOUNTAIN (Ang Lee, USA 2005) orientieren sich wiederum an den klassischen Melodramen, wenden aber die Rolle der weiblichen Heldin auf ihre tragischen, homosexuellen Figuren an. Mit James Camerons TITANIC (USA 1998)[18] tritt das Melodrama auch im Blockbuster-Kino in Erscheinung, wenn der Untergang des Schiffes auf die unmögliche Liebe zwischen Rose (Kate Winslet) und Jack (Leonardo DiCaprio) anspielt. Der Eisberg bricht dabei die Klassengrenzen für einen kurzen Moment auf, bevor Jack in den Tiefen des Meeres verschwindet. Es zeigt sich, dass das Melodrama über eine facettenreiche Bandbreite verfügt, die keine Landes- oder Zeitgrenzen kennt. Die Akzentuierung der emotionalen Konflikte, die Artikulation des Rechts auf Privatheit, des Rechts auf die emotionale Wahrheit der eigenen Gefühle (vgl. Elsaesser 2008, 12), ist ein universales, zeitloses Thema, dass in den unterschiedlichen Ausformungen des Melodramas immer wieder auftaucht – wie auch im

---

[16] Pedro Almodóvar zitiert mit seinem Beginn zu TODO SOBRE MI MADRE (E 1999) wiederum John Cassavetes Melodrama OPENING NIGHT (USA 1977).
[17] Nicht nur der Titel von Haynes Film erinnert an ALL THAT HEAVEN ALLOWS, sondern auch der Plot und der Einsatz der formalen Parameter. Im Audiokommentar bezieht sich Haynes ebenfalls direkt auf Elsaessers TALES OF SOUND AND FURY. Wie der Name des Films bereits andeutet, ist die Kritik an den gesellschaftlichen Normen bei Haynes jedoch direkter ablesbar.
[18] Mit seiner Konvertierung in 3D hat das Melodrama 2012 auch das stereoskopische Kino erreicht.

Folgenden anhand der Transformationen von Theodor Fontanes *Effi Briest* deutlich werden soll.

## 4. 1939: DER SCHRITT VOM WEGE

„Filme geprüft. ‚Effi Briest' Regie Gründgens, mit Hoppe, Diehl, Hartmann. Ein sehr stimmungsvoller Film, sauber und anständig gemacht, voll von Wehmut und Verhaltenheit. Ich habe mich sehr darüber gefreut" (Goebbels 2008, Band 6, 247), schrieb Joseph Goebbels am 3.2.1939 in sein Tagebuch. Ein unerwartetes Urteil, kennt man die Vorgeschichte zwischen Gustaf Gründgens und dem Propagandaminister. So schrieb Goebbels zu TANZ AUF DEM VULKAN (Hans Steinhoff, D 1938): „Ein typischer Gründgens: Gehirnarbeit wird ein bisschen zu viel getan. Muss noch sehr geschnitten werden." (Goebbels 2008, Band 6, 191)[19] Um Gründgens vorherige Regiearbeit, der im Stil der Screwball-Comedies inszenierte CAPRIOLEN (D 1937), entbrannte gar ein Machtkampf, in den schlussendlich Adolf Hitler involviert wurde[20] und der die ohnehin schwierige Beziehung zwischen Gründgens und Goebbels weiter erkalten ließ. Dank seines Schutzpatrons Hermann Göring ging Gründgens als Gewinner aus dem Duell hervor (vgl. Rathkolb 1991, 140 ff.). Goebbels schaute jedoch fortan mit Missgunst auf die Karriere des populären Theaterschauspielers, der unter den Fittichen Görings zum Intendant des deutschen Staatstheaters aufstieg:

---

[19] Der Film wurde am Ende praktisch nicht zensiert. Der im Film zu hörende und von Gründgens gesungene Schlager *Die Nacht ist nicht allein zum Schlafen da* mit dem Protestaufruf „Rebellion! Rebellion in den Katakomben" wurde hingegen für die Schallplatte zensiert. (vgl. Bandmann, Hembus 1980, 118)

[20] Wie aus den Tagebüchern deutlich wird, spitzte sich im Zusammenhang mit CAPRIOLEN die Lage für Gründgens gefährlich zu: „‚Capriolen' ein typischer Gründgensfilm [...] Kalt, intellektuell, überpointert und eisiger Witz. In manchen Partien direkt peinlich." (ebd., Band 4, 219) „Führer findet auch ‚Capriolen' scheußlich. Ich werde Gründgens mehr auf die Finger schauen." (ebd., 222) „Ich trage ihm [Adolf Hitler, Anm. d. A.] vor wegen Gründgens. Er ist sehr bestürzt über den Sumpf im Staatstheater. Gründgens soll sich bald ins Ausland verdrücken." (ebd., 235) „Wie erwartet Göring setzt sich für ‚Capriolen' ein." (ebd., 237) „Ich trage ihm [Adolf Hitler, Anm. d. A.] den Fall ‚Capriolen' vor. Er will sich nun selbst nochmal den Film ganz anschauen. Ist der Meinung, dass Gründgens ganz weg muss." (ebd., 238) „[D]er ganze Gründgens-Laden [ist] vollkommen schwul. Ich verstehe da Göring nicht. Mir kribbelt es in den Fingern. Ich würde nicht so stillhalten [...] Und wenn ich dabei verreckte." (ebd., Band 5, 108)

„Gründgens zum Generalintendant ernannt. Der wird noch Kaiser." (Goebbels 2008, Band 5, 70)

Das waren nicht die besten Voraussetzungen für den Film, um die Zustimmung des einflussreichen Vorsitzenden der Reichskulturkammer zu erhalten. Dennoch wurde DER SCHRITT VOM WEGE mit dem Prädikat „künstlerisch wertvoll" ausgezeichnet, der zweithöchsten Auszeichnung, die Produktionen der damaligen Zeit verliehen werden konnte (vgl. Albrecht 1969, 554). Seit der bekannten Rede im Berliner Kaiserhof am 28.3.1933, in der Goebbels die Situation des deutschen Films reflektierte, ihm einen neuen Weg wies[21], und der darauf folgenden Errichtung der Reichsfilmkammer im Juli 1933 nahm der Einfluss und die Kontrolle der NSDAP unter der Führung Joseph Goebbels auf den Kulturbetrieb stetig zu (vgl. Courtade, Cadars 1975, 21 ff.). Maßnahmen wie die Zensur der Filmkritik und die Zentralisierung der Filmindustrie, welche Produktionsfirmen wie die UFA oder die Terra mit der Zeit zu Staatskonzernen machte (vgl. Kreimeier 1992, 258 ff.; Kramer, Siegrist 1991, 25 ff.), lassen sich im Rückblick als kontinuierliche Entwicklungsschritte zur von Goebbels angestrebten „Gleichschaltung" betrachten. Wie der Filmwissenschaftler Klaus Kreimeier in seiner Chronik *Die Ufa-Story – Geschichte eines Filmkonzerns* konstatiert, wird in der Literatur zum nationalsozialistischen Film dieser Sachverhalt regelmäßig hervorgehoben, die Frage, ob und wie sich die Maßnahmen des Nazi-Regimes jedoch tatsächlich auf die Filme auswirkten, jedoch ausgeklammert (vgl. Kreimeier 1992, 258). So schreibt er:

> Es gehört zu den Legenden der Filmgeschichte, dass es den Nationalsozialisten gelungen sei, alle Genres der Kinematographie, jeden Film, jeden Stoff und jedes noch so entlegene Thema mit den Einflüsterungen aus ihrer ideologischen Giftküche zu infizieren. [...] Das Wesen des Filmischen selbst mit seinen unberechenbaren, irrlichternden Eigenschaften und seiner Affinität zu mikrologischen Strukturen verweigerte sich letztlich der ‚Makrotechnik' der Goebbelschen Kontrollmaschine. (ebd., 331)

---

[21] „Aber ebenso kann nirgendwo ein Zweifel bestehen, dass die nationalsozialistische Bewegung in die Wirtschaft und die allgemeinen kulturellen Fragen, also auch in den Film eingreift" (Goebbels zit. in Albrecht 1969, 439).

Karsten Witte unterscheidet in seinem Überblick zur damaligen Filmindustrie zwischen reinen Propagandafilmen, die ihre nationalsozialistische Thematik explizit zur Schau stellen, und den Unterhaltungsfilmen:

> Nur so ist zu verstehen, warum die systematische Überorganisation des Filmwesens im ‚Dritten Reich' mit Vorzensur, Verbotspraxis und Kritikverbot noch genügend Chaos im System mitproduzierte, aus dem heraus nicht-nationalsozialistische Filme und sogar Filme der ästhetischen Opposition entstehen konnten.[22] (Witte 2004, 117)

Produktionen, die sich weniger stark mit den nationalsozialistischen Kernthemen auseinandersetzten, stießen keineswegs auf Ablehnung, sondern wurden als Ausgleich gefördert. Im Jahr des Einmarsches in Polen und während des Krieges betonte Goebbels mehrfach den Anspruch der Bevölkerung auf Entspannung und Erholung.[23] Witte konstatiert mit dem Jahr 1939 auch den Abschied vom Aufbruch der Moderne. Die „Filme fliehen zu längst gelösten Konflikten des 19. Jahrhunderts, in denen sie eine sinnliche Gefährdung aufspüren, die als zeitgenössisch darzustellen ihnen verwehrt bleibt" (Witte 2004, 143). Für den „unpolitischen"[24] Unterhaltungsfilm, so der zu Zeiten des Nationalsozialismus tätige Filmregisseur Arthur Maria Rabenalt, gibt es vermehrt „Asyl in der Vergangenheit" und Kostüme wie historisches Dekor werden als Camouflageelemente verwendet (vgl. Rabenalt 1978, 43). Es ist eine Flucht vor der Ideologie in vergangene Zeiten, in denen mitunter, aber keineswegs zwingend, die Themen freier gestaltet und interpretiert werden konnten. Kreimeier bringt das Dilemma,

---

[22] Eine Opposition, deren Wirkung in Bezug zum Publikum Gerd Albrecht relativiert. So hält er fest, dass TANZ AUF DEM VULKAN, dessen von Gründgens gespielte Hauptfigur als Karikatur Hermann Görings gelesen werden kann (!), nur von einem regimekritischen und keineswegs vom breiten Publikum als kritisch verstanden wurde (vgl. Albrecht 1969, 268).

[23] Stellvertretend an dieser Stelle: „Auch Unterhaltung kann zuweilen die Aufgabe haben, ein Volk für seinen Lebenskampf auszustatten, ihm die in dem dramatischen Geschehen des Tages notwendige Erbauung, Unterhaltung und Entspannung zu geben." (Goebbels zit. in. Albrecht 1969, 468)

[24] Eine Kategorisierung, die der Publizist und Regisseur Erwin Leiser kritisiert. Im nationalsozialistischen Deutschland habe es keine „unpolitischen" Filme geben können, da in allen Filmen dieser Zeit nationalsozialistische Klischees und Wertvorstellungen bedient würden (vgl. Leiser 1968, 15 ff.).

welches Rabenalt formuliert, auf den Punkt: Der Unterhaltungsfilm „musste lebensfern sein, wenn er unpolitisch bleiben wollte" (Kreimeier 1992, 333). Was im Theater bereits seit längerem unmöglich war (vgl. Rabenalt 1978, 18), konnte der Film mit dem Blick zurück bieten: eine Möglichkeit, indirekt die Gegenwart zu betrachten.

In diesem Kontext lässt sich nun auch Gustaf Gründgens Film DER SCHRITT VOM WEGE (D 1939) ansiedeln. Der Filmtitel bezieht sich dabei auf Ernst Wicherts populäres Lustspiel *Ein Schritt vom Wege* [1871], dass in Fontanes Roman unter der Leitung des ehemaligen Majors Crampas und mit Effi in der Hauptrolle für die Kessiner Gesellschaft aufgeführt wird. Der Name des Stücks spielt auf den Konflikt der verheirateten Hauptfigur Ella an, die den Verführungen eines Reisenden nachzugeben versucht ist, sich am Ende aber für ihre Ehe entscheidet. Im Roman wird damit das moralische Dilemma Effis, die von Crampas verführt wird, und die eheliche Treuepflicht, welche die Gesellschaft von ihr erwartet, angedeutet. Gründgens belässt es beim Verweis im Titel[25] und zeigt statt Wicherts Stück eine kurze Szene aus Heinrich von Kleists Ritterschauspiel *Das Käthchen von Heilbronn* [1810], die ebenfalls als Kommentar gedeutet werden kann: Sich nicht mit der Regie begnügend, übernimmt der Major außer Dienst im Film die Hauptrolle des Grafen, der am Ende des Stücks das von Effi gespielte Käthchen heiratet. Die glückliche Vereinigung auf der Bühne steht dabei im scharfen Kontrast zum tragischen Schicksal von Effi und Crampas im weiteren Verlauf der Handlung.

Mit Fontanes populärsten Roman wählte Gründgens eine für die damalige Zeit unübliche Vorlage. Wie Boguslaw Drewniak festhält, blieben die literarischen Monumente in der NS-Zeit beinahe unberührt (vgl. Drewniak 1987, 490). Griff man sie doch auf, half die Aura des Werkes, mit der sich auch das Propagandaministerium gerne schmückte, einige gesellschaftskritische Töne zu erhalten, so zum Beispiel auch in DER ZERBROCHENE KRUG (Gustav Ucicky, Emil Jannings, D 1937). Theodor Fontane und die Lokalisierung in der Vergangenheit

---

[25] Der Titel erinnert nicht zuletzt auch an die bedeutende Rolle Gründgens im Theater der damaligen Zeit.

schienen der Kritik, aus Sicht der Partei, ihren Gegenwartsbezug zu nehmen. Das zeigt sich auch an einer zeitgenössischen Rezension zu DER SCHRITT VOM WEGE, welche die gesellschaftskritischen Handlungselemente hervorhebt und den Film dadurch nicht zum harmlosen Kostümfilm reduziert: „Das Duell, dass die Stehkragenmoral der damaligen Zeit verlangt, zerstört ein Menschenleben und eine Ehe, und um das Maß des Kummers voll zu machen, wird Effi von ihrem Töchterchen getrennt und das Kind ihr völlig entfremdet" (Filmwelt 31/1938, zit. in Hobsch 2010, 79). Das weitere Echo in den Zeitungen ist positiv, so bescheinigt der *Film-Kurier* Gründgens Bildsprache gar wegweisende Bedeutung für den deutschen Film (vgl. Film-Kurier 12.2.1939, zit. in ebd., 79). Das Werk wird zum großen Erfolg und führt zu einer stürmischen Nachfrage nach der literarischen Vorlage (vgl. Drewniak 1987, 496). Die positiven Worte Goebbels für Gründgens Werk, das er wohl auch als gute Werbung für den deutschen Film sah, erstaunen bei genauerer Betrachtung weniger.

Gustaf Gründgens hatte bei seiner Produktion innerhalb des restriktiven Systems des nationalsozialistischen Films seine Freiheiten. Wie nutzte er sie nun in seiner filmischen Transformation von Theodor Fontanes Roman? Eine Sequenz aus dem Beginn des Filmes zeigt prägnant, wie der Regisseur die Umgebung in die Handlung einbindet. Ein erstes Mal ist die junge Gattin des Barons von Innstetten allein in dem Haus, das ihr von Beginn an unheimlich erschien: Unsicher bewegt sich Effi (Marianne Hoppe) in den leeren Räumen. Ein tiefer Bass und bedrohliche Zwischentöne, welche die harmonische Filmmusik kontrapunktieren, zeigen das Unwohlsein der Protagonistin an. Mit Klavierspiel versucht sie die beängstigende Stille zu vertreiben. Vergeblich. Die statische Kamera bleibt auf Distanz, wechselt mit der Figur, die sich weiter abzulenken versucht, den Raum. Plötzlich hört sie mit Rollos Gebell ein vertrautes Geräusch und läuft nach draußen. In einer Reihe statischer Einstellungen, die Musik baut sich dabei langsam auf, folgt sie dem Hund zu den Dünen. Oben angekommen erreicht die Musik ebenfalls ihren Höhepunkt. Bilder des Meeres werden mit einer Nahaufnahme Effis in eine geschlossene Blickstruktur

  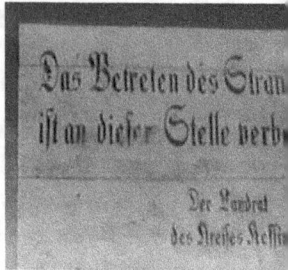

Vermeintliches Freiheitsgefühl in DER SCHRITT VOM WEGE.

eingebunden. Überwältigt vom erstmaligen Anblick macht Effi einen respektvollen, kindlich anmutenden Knicks, bevor sie Rollo zum Strand nachrennt. Scheu streckt sie für einen kurzen Moment die Arme aus, steht auf ihren Zehenspitzen und spürt die Brise im Gesicht. Dem herumtollenden Rollo wirft sie übermütig einen Stock nach, als sie unvermittelt ein Schild erblickt: „Das Betreten des Strandes ist an dieser Stelle verboten! – Der Landrat des Kreises Kessin"
Der Blick auf die Verbotstafel aus Sicht der Protagonistin schließt die Sequenz ab. Zuvor baut Gründgens kontinuierlich einen emotionalen Moment auf. Sinnbildlich werden die Elemente der Mise-en-scène verdichtet (vgl. Lohmeier 1989, 229 ff.). Die bedrückende Angst, welche die einsame Effi in den düsteren Räumen des Hauses überkommt, scheint komplett von ihr abzufallen, als sie angesichts der tosenden Wellen ein trügerisches Freiheitsgefühl verspürt. Dass von ihrem Mann erlassene Verbot stoppt jäh den glücklichen Moment und wirft ein neues Licht auf den Ausbruchsversuch. Es ist eine Flucht vor ihrem neuen Leben und damit zusammenhängend eine Flucht vor ihrem Mann. Das Schild am Ende zeigt dem Unterfangen seine unmissverständlichen Grenzen auf.

Die Sequenz erinnert an einen ähnlichen Moment in der literarischen Vorlage: Das Ehepaar Innstetten reitet mit Major von Crampas am Strand. Effi genießt den Moment in der Natur:

> Effi war noch nie hier draußen gewesen [...] Sie war entzückt, fand alles groß und herrlich, erging sich in kränkenden Vergleichen zwischen dem Luch und dem Meer und ergriff, sooft die Gelegenheit dazu sich

bot, ein Stück angeschwemmtes Holz, um es nach links hin in die See oder nach rechts hin in die Kessine zu werfen. Rollo war immer glücklich, im Dienste seiner Herrin sich nachstürzen zu können. (Fontane 2011, 128)

In der Ferne erblickt Crampas eine Robbe und bereut es, seine Büchse nicht mitgenommen zu haben, um die Tiere zu jagen.

„Geht nicht", sagte Innstetten; „Hafenpolizei". „Wenn ich so was höre", lachte der Major. „Hafenpolizei! Die drei Behörden, die wir hier haben, werden doch wohl untereinander die Augen zudrücken können. Muss denn alles so furchtbar gesetzlich sein? Alle Gesetzlichkeiten sind langweilig." Effi klatschte in die Hände. (ebd., 128)

Wo bei Fontane Innstetten persönlich Crampas die Grenzen aufzeigt und der Kontrast zwischen dem steifen Baron und dem wilden Major herausgearbeitet wird, ist es bei Gründgens der dunkle Schatten des Ehemanns, der auf Effi fällt. Die verhaltene Zustimmung für Crampas wird zum vergeblichen Ausbruch. Der innere Kampf der Protagonistin, der Widerspruch zwischen der unbändigen, kindlichen Effi und dem konservativen, auf seine Karriere bedachten Innstetten stehen dadurch im Zentrum des Films. Ein Widerspruch der in ein tragisches Ende mündet, wie der Zuschauer seit Beginn des Films weiß. Gründgens nimmt den Schluss des Romans an den Anfang und gibt dem Tod Effis dadurch eine fatalistische Färbung. Im Ansatz finden sich hier in der Verwendung der formalen Mittel und der narrativen Grundstruktur Aspekte des Melodramas, wie sie zur gleichen Zeit auch bei Helmut Käutner und in den frühen Filmen Douglas Sirks zu finden sind.[26]

So beginnt Käutners ROMANZE IN MOLL (D 1943)[27], der auf Guy de Maupassants Erzählung *Les bijoux* beruht, ebenfalls mit einer Prolepse. Ein

---

[26] Vor seiner Flucht in die USA hieß Douglas Sirk Detlef Sierck. Neben ihm und Käutner wären als weitere bedeutende Regisseure der deutschen Tradition des Melodramas zur damaligen Zeit u. a. der spätere Regisseur des Hetz-Films JUD SÜSS (D 1940) Veit Harlan zu nennen, oder Max Ophüls, der kurze Zeit nach seinem Melodrama LIEBELEI (1933) nach Frankreich emigrierte.

[27] Marianne Hoppe spielt auch in diesem Film die Hauptrolle. Im Kontrast zu Schauspielerinnen wie Kristina Söderbaum wurde sie oftmals mit moderneren, weniger traditionellen Rollen betraut (vgl. Romani 1982, 141). Eine Ausnahme bietet mit

Bankbeamter (Paul Dahlke) findet seine Ehefrau (Marianne Hoppe) Tod im Bett, auf dem Nachttisch eine Giftampulle. Im weiteren Verlauf des Filmes sucht er nach den Gründen, aus denen seine Frau sich umgebracht hat. Madeleine hatte sich in den Komponisten Michael (Ferdinand Marian) verliebt. Ein Bekannter Michaels wusste von ihrer Ehe und erpresste sie, bis Madeleine nur noch im Tod einen Ausweg sah. Käutner arbeitet mit Motiven wie dem Vogel im Käfig, um die innere Gefangenschaft der Protagonistin zu verdeutlichen. Auch der programmatische Titel wird in der Handlung selbst reflektiert. Er wirft einen dunklen Schatten auf die Affäre, wenn Madeleine eine romantische Komposition Michaels anstatt in Dur im schwermütigen Moll passender erscheint. Goebbels missfiel der Film, er stufte ihn als „ehe- und sittenzerstörend ein" (Goebbels zit. in Cornelsen 1980, 56), was wohl auch daran lag, dass Maupassants Werk, im Gegensatz zu Fontanes, vom Naziregime nicht anerkannt wurde (vgl. Romani 1982, 146).

Noch stärker erinnert Gründgens Inszenierung aber an die ersten Melodramen Sirks, wie LA HABANERA (D 1937), aber vor allem ZU NEUEN UFERN (D 1937). Sirk sah sich nach 1933 im Theater in seiner künstlerischen Freiheit durch die NSDAP zunehmend eingeengt und fand im Film und dem Genre des Melodramas Möglichkeiten des Ausdrucks, die ihm auf der Bühne verwehrt blieben.[28] Wenn Gründgens die Sequenz am Strand mit dem Blick auf das Verbotsschild endet, schafft er die notwendige Distanz, um den emotionalen Ausbruch der Hauptfigur in einen gesellschaftskritischen Kontext zu setzen. Die Tafel wirkt wie ein Zwischentitel, eine direkte Adressierung des Zuschauers. Die freie Natur, so erkennt nicht nur Effi, wird als Trugschluss ausgestellt. Er bedient sich dabei einer Strategie, die Sirk zwei Jahre zuvor auf ähnliche Art und Weise in ZU NEUEN UFERN verwendete: Um Schulden zu entkommen, fälscht Sir Albert Finsbury (Willy Birgel) vor seiner

---

AUF WIEDERSEHN, FRANZISKA! (D 1941) ein weiterer Film Helmut Käutners. Als Ehefrau eines Reporters muss sie lernen, auf ihren Mann, der für seine Arbeit um die Welt reist, zu verzichten. Am Ende akzeptiert sie ihre Rolle als Hausfrau und winkt ihrem Mann am Bahnhof zu, der nun als Soldat in den Krieg zieht.

[28] „and then even when it became absolutely unbeareable running a theatre, dealing with the countless interferences, it was still not too bad in the movies [...] And this was partly the reason why I decided to shift to the cinema" (Sirk zit. in Halliday 1971, 27). Einen Umstand, den auch Rabenalt bestätigt (vgl. 1978, 17 ff.).

Abreise nach Australien die Unterschrift eines Freundes. Ohne sein Wissen opfert sich seine Freundin, die Sängerin Gloria Vane (Zarah Leander), für ihn. Vor Gericht erkennt sie ihre Dummheit und nennt Finsbury als den wahren Täter. Doch als der Richter sie darauf hinweist, dass sie einen ehrenwerten Namen beschuldige, lenkt sie ein und nimmt die Schuld auf sich. Vor dem Gerichtssaal singt eine Frau ein Bänkellied[29], in dem sie vom schlimmen Schicksal der Verurteilten im Gefängnis Paramata singt. Ein Zuschauer sagt noch: „Paramata, das ist das Fegefeuer." Am Ende der Sequenz wird von einer Zeichnung Paramatas, die als Veranschaulichung diente, auf das tatsächliche Gefängnistor überblendet. Thomas Elsaesser weist in seinem Aufsatz *Tales of Sound and Fury* auf die Sequenz hin:

> Und doch zeichnet die Ballade oder das Bänkellied [...] ein Umstand besonders aus: Das moralische/moralistische Muster, das den hauptsächlichen Inhalt liefert [...] wird von einer Wucherung ‚realistischer' Alltagsdetails überformt; dieses Muster wird aber auch ‚parodiert' oder relativiert durch die äußerst repetitive Versform oder die mechanischen Auf-und-Ab-Rhythmen der Drehorgel [...]. Dadurch wird ein stimmlicher Parallelismus erzeugt, dessen distanzierende oder ironisierende Wirkung oft zu einer Durchkreuzung der Moral der Geschichte durch eine ‚falsche' oder unerwartete Betonung führt. (Elsaesser 1994, 95)

Wie Elsaesser weiter deutlich macht, wird die tragische Ironie der Gerichtssaal-Szene, die Falschheit der Situation herausgearbeitet. Die Dramatik des Moments, durch filmische Mittel akzentuiert (die Gitterstäbe im Gerichtssaal fallen als Schatten auf Gloria), wird konterkariert. An dieser Stelle wird in der ausgestellten Ungerechtigkeit die Kritik an der britischen Führungsschicht oder, wie es Sirk betont, allgemeiner gesellschaftlicher Strukturen ablesbar (vgl. Halliday 1971, 45 f.). In seiner Überspitzung weniger deutlich, aber mit dem gleichen Ansatz, lässt sich auch bei Gründgens die Kritik an einer alles kontrollierenden Gesellschaft ableiten. Der abschließende Blick auf das Ver-

---

[29] Das Bänkellied erinnert in seiner Form an ähnliche Verfremdungseffekte in Bertolt Brechts *Die Dreigroschenoper*.

botsschild stellt die unterdrückenden Machstrukturen aus und „verweist [...] darauf, dass der Naturraum nur scheinbar ein gesellschaftsfreier Raum ist" (Lohmeier 1989, 231).

Beiden Filmen gemeinsam ist, dass am Ende keineswegs Einzelpersonen die Schuldigen sind. Vielmehr ist es die Gesellschaft im Allgemeinen, die beide Seiten zu Opfern macht. Es sind die sozialen Strukturen, die gesellschaftlich geprägten Verhaltens- und Sichtweisen, auf die beide Filme verweisen. Nach qualvollen Jahren in Paramata gelingt es Gloria, dem Gefängnis zu entfliehen. Sie nimmt eine Anstellung als Sängerin an. Gleich bei ihrem ersten Auftritt erblickt sie ausgerechnet Albert Finsbury im Publikum. Sie bricht zusammen, worauf das Publikum sie von der Bühne pfeift. Unmittelbar danach tritt eine Frau als Clown auf und reduziert jegliche wahren Gefühle zur belanglosen Unterhaltung. Hier wird der Blick der Gesellschaft und damit auch der Blick des Zuschauers angesprochen: „This absurd clowning is what the world requires of her, not any real feeling or even singing which reflects such feeling; the casino audience regards this as false, and the clown-girl as ‚real' entertainment" (Camper 1971, 56). Individuelle Gefühle oder Momente der Schwäche haben in der Gesellschaft keinen Platz.
Die kontrollierende, einengende Macht des Blicks thematisiert auch Gründgens: Der Apotheker Gieshübler (Max Gülstorff) hat zu einem Konzert seiner Bekannten, der Sängerin Marietta Tripelli (Elisabeth Flickenschildt), geladen. Die Frauen sitzen gespannt auf den Stühlen, während die Männer dahinter ordentlich in Reih und Glied stehen. Das erste Lied von Brahms findet augenscheinlich die Zustimmung des Publikums, das mit höflichem Applaus reagiert. Als nächstes spielt sie ein französisches Liebeslied, wie sie es selbst nennt. Als der Text frivol wird, wechselt die Kamera auf Effi, die vergnügt lächelt. Langsam fährt die Kamera über die restlichen Gesichter, ein Wechselspiel zwischen heimlicher Freude und gespielter Empörung entsteht. Am Ende des Liedes sind betretene Blicke die Antwort, einzig Effis Klatschen durchbricht die Stille. Während Sirks Sequenz eine tragische Note besitzt, greift Gründgens Film eine Szene aus dem Buch auf (vgl. Fontane 2011, 89 ff.), um in einem spielerischen Ton die kindliche Na-

tur Effis und das enge Korsett der Gesellschaft, welches ihr zunehmend die Luft nimmt, herauszuarbeiten. Der kontrollierende, mitunter heuchlerische Blick der Abendgesellschaft, die in ihrer Aufreihung auch an das Kinopublikum erinnert, wird angesprochen. Urteilende Gespräche der Bediensteten und kleinerer Nebenfiguren ergänzen die Skizze. Es fügt sich das Bild einer strengen Gesellschaft zusammen, zu der die wilde Effi im scharfen Kontrast steht. Es ist ein engmaschiges Netz, aus dem zu entkommen unmöglich scheint und das den vergeblichen Versuchen der Hauptfigur ihre Tragik gibt. Gründgens veräußerlicht die seelischen Kämpfe seiner Protagonistin. Die unterdrückten Probleme und Emotionen der Figuren, die innerhalb der Gesellschaft keinen Platz haben, erfahren, wie es im Kapitel zum Melodrama beschrieben wurde, eine Externalisierung und werden gleichnishaft

  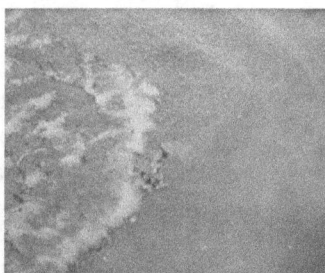

Gefühle an der Oberfläche in DER SCHRITT VOM WEGE.

verdichtet auf der Oberfläche sichtbar: Nachdem sich Crampas und Effi ein erstes Mal nähergekommen sind, wird eine Reihe von Landschaftsaufnahmen gezeigt. Das Meer und der Wind über den Feldern verweisen auf die aufgewühlten Gefühle der Hauptfigur, die Fischernetze auf ihre Verwicklung in eine Affäre, der sie nicht mehr entkommen wird. Als dann Effi und ihr Mann Kessin verlassen, überreicht ihr Crampas zum Abschied einen Blumenstrauß. Die Fähre legt ab und Effi wirft die Blüten ins Wasser, wo sie, sinnbildlich für ihre Beziehung, von den Wellen auseinandergetrieben werden.

Auch im fatalistischen Grundton, der die Prolepse am Beginn von Gründgens' Films etabliert, zeigt sich die Beziehung zum Melodrama. Wie Sirk rückblickend festhält, bevorzugte er es, in seinen Filmen das

Ende an den Anfang zu setzen. Es etabliere die Hoffnungslosigkeit gleich zu Beginn und gebe den folgenden Vorkommnissen eine fatalistische Stimmung (vgl. Halliday 1971, 132). Es wird nicht mehr primär nach dem Was, sondern nach dem Wie gefragt. Die grundlegenden gesellschaftlichen Strukturen geraten auf diese Weise in den Fokus. Bei Gründgens wird dies durch die episodische Struktur noch verstärkt, deren Übergänge sich an die Kapitelgliederung des Romans anlehnen. Wie bei Fontane die Kapitel, so enden die Sequenzen oftmals bedeutungsschwer. Effis Blick in die Leere und Sätze wie „Vielleicht ist das alles viel zu schön für mich" werfen einen vielsagenden Schatten voraus. Dadurch entsteht das enge Zusammenspiel, welches Effis Suche nach Liebe und Freiheit mit einem Gesellschaftssystem konfrontiert, in dem solche Gefühle nicht existieren dürfen. Wie eine Rezension aus der *Filmwelt* deutlich macht, ließ sich dies leicht als Kritik an der „Stehkragenmoral der damaligen Zeit" (Filmwelt 31/1938, zit. in Hobsch 2010, 79), also an etwas Vergangenem, abtun. Der Kampf der Protagonistin kann aber auch allgemeiner als Konflikt des Individuums in einer konformistischen Gesellschaft gelesen werden. Der Film formuliert dabei das „Recht auf Privatheit [...] das Recht auf die emotionale Wahrheit der eigenen Gefühle, Wünsche und sexuellen Begierde", wie es Thomas Elsaesser unter anderem in den Melodramen Douglas Sirks artikuliert sieht (Elsaesser 2008, 12). Die Sympathien für eine Figur mit ihren eigenen Wünschen entsprechen dabei nicht dem Gesellschafts- und vor allem Frauenbild des Nationalsozialismus. In der Stimmung, die Goebbels hervorhob (vgl. Goebbels 2008, Band 6, 247), steckt die Ambivalenz, die den Film keineswegs stromlinienförmig in die NS-Propaganda integriert. Der Titel des Films deutet in diesem Sinne, konträr zur Moral von Ernst Wicherts Stück, leise auf das Recht zum Schritt vom Wege hin.

## 5. 1955: Rosen im Herbst

Stürmisch bäumt sich das Pferd auf, doch Effi (Ruth Leuwerik) hat ihr Tier im Griff. Von anschwellender Musik begleitet, folgt die Kamera dem schnellen Galopp über die Felder. Zielstrebig und scheinbar mühelos wird jedes Hindernis übersprungen – sei es ein Zaun oder das tiefe Flussbett. Darüber eingeblendet erscheint der Titel des Films: Rosen im Herbst (Rudolf Jugert, BRD 1955). Kontrastierend zur Einführung der weiblichen Hauptfigur wird die Ankunft Barons von Innstetten (Bernhard Wicki) inszeniert. Schwerfällig dreht er sich in seiner Kutsche um, als Effi an ihm vorbeistürmt. Für einen kurzen Moment kommen die Kamera und Effi zum Stillstand. Doch statt zu grüßen und gemeinsam mit dem Baron zurückzukehren, setzt sie ihren Ritt fort. Endlich zuhause angekommen, erfährt sie von der Mutter (Lil Dagover) den Grund für Innstettens Besuch. Effi möchte sich schnell umziehen für den Gast, als ihre Mutter sie auf der Treppe zurückhält: „Oder nein! Wart mal, komm mal her. Bleib so, wie du bist, das wird am besten sein." „Aber Mama, was ist denn mit dir los", fragt Effi verwundert. „Hör mal zu, Herr von Innstetten hat nämlich um deine Hand angehalten." „Nein!", entfährt es ihr, mit verträumten Blick schaut sie in die Leere.

Spricht in Fontanes Roman die Mutter den wilden Charakter und die Reitkünste ihrer Tochter nur an[30], reitet die Protagonistin in Rudolf Jugerts Film gleich zu Beginn durch die unwegsame Landschaft. Überblendungen verbinden die Einstellungen, in denen Effis dynamischer Ritt jeweils mit der Durchquerung der Bilddiagonale akzentuiert wird. Die Bilder zeigen die Hauptfigur als eine wilde, starke Frau. Die erdigen, grünlichen Farben ihres Kleides verbinden Effi mit der Landschaft und zeichnen sie im Zusammenspiel mit ihrem weißen Schimmel als das unbändige, unschuldige Naturkind[31], als das sie ihr Vater an späterer

---

[30] „Effi, eigentlich hättest du doch wohl Kunstreiterin werden müssen." (Fontane 2011, 8)
[31] Die Zuschreibungen der Farben orientieren sich am einflussreichen Text *Color Consciousness* (1935) der Technicolor-Farbberaterin Natalie M. Kalmus, die den Farben jeweils in Bezug zu den Figuren und Umgebungen charakteristische Konnotationen zuschrieb.

Stelle im Roman bezeichnet (vgl. ebd., 37). Im Kontrast dazu steht die Ankunft Innstettens: Sein grauer Anzug strahlt Reife und Strenge aus. Die Kamera kommt zur Ruhe, und auch die Musik wird für einen kurzen Moment sanft, bis sie sich gemeinsam mit Effi vom Baron abwendet und mit der Fortsetzung des Ritts erneut an Tempo gewinnt.

Die Kluft zwischen den beiden Figuren wird auch in der nächsten Sequenz deutlich: Nach dem gemeinsamen Mittagessen steht der Nachmittagstee an. Doch Effi, nun in einem weißen Kleid, flüchtet in den Garten zu ihren Freundinnen. Schnellen Schrittes schwingt sie sich auf die Schaukel, die Kamera nimmt ihre Bewegungen auf. Übermütig erzählt sie von ihrer Verlobung und dem neuen Leben. Innstetten gesellt sich zu ihnen und wendet sich besorgt an seine zukünftige Frau: „Fürchten Sie nicht, dass die Seile einmal reißen könnten?"[32] „Ich habe mir schon oft vorgestellt, wie's wäre, wenn sie wirklich mal reißen würden. Den Kopf wird's ja nicht gleich kosten", antwortet sie, während die Sequenz mit einer Schwarzblende endet.

Der zu Beginn von Rosen im Herbst etablierte Kontrast zwischen den beiden Hauptfiguren.

In einer halbnahen Einstellung schwingt die Kamera, frontal auf die Protagonistin gerichtet, im Rhythmus der Schaukel. Effis unbändige Wildheit und ihr Reiz am Gefährlichen werden erneut unterstrichen. In der Interaktion mit den Freundinnen tritt zudem das Kindliche der Hauptfigur hervor, verstärkt noch durch die väterlich wirkende Nach-

---

[32] Bei den Dreharbeiten löste sich tatsächlich eines der Seile. Leuwerik stürzte schwer und brach sich mehrere Rippen. (vgl. Mänz 2004, 44)

frage Innstettens, welche die Kluft zwischen den beiden weiter vergrößert. Der Kostümwechsel Effis weist auf die Spiegelung ihrer unterschiedlichen Charaktereigenschaften in der Mise-en-scène hin. Das Kleid atmet nun die naive Unschuld und Jungfräulichkeit des Kindes, während die Blüte an der Knopfleiste das allgegenwärtige Motiv der blühenden Rosen aufnimmt. Die Blumen im Garten stehen für die Jugend, sie sind noch keineswegs verwelkt, wie es der Filmtitel assoziieren lässt. Doch das Ende der Sequenz wirft, wie bereits in Gründgens' Film, einen bedeutungsschweren Schatten voraus.

„Der schönste deutsche Roman – Jetzt als Farbfilm" kündigte die Vorschau an.[33] Der Erfolg von Gustaf Gründgens' Verfilmung hallte 1955 noch nach. Mit den neuen technischen Möglichkeiten (der Film wurde im Breitwandformat und in Technicolor gedreht) wurde großer Aufwand betrieben, um sich einerseits von der schwarz-weißen Ästhetik des Vorgängerfilms abzuheben, andererseits um die mediale Konkurrenz des kleinen, farblosen Fernsehbildes zu überbieten. Mit Ruth Leuwerik spielte zudem eine der beliebtesten deutschen Schauspielerinnen der damaligen Zeit die Hauptrolle. Doch die zeitgenössische Kritik reagierte verhalten bis negativ. So schrieb der *Spiegel*: „,Effi Briest' nun unter Rudolf Jugerts Regie auf der bunten Breitwand: Die gedämpften, nüchternen Dialoge [...] werden von symbolschäumenden Meereswogen und schwelgerischen Seidenroben einigermaßen überrauscht" (Der Spiegel, 30.11.1955). Die Rezension steht hier stellvertretend für den großen Teil der Kritiken, die sich über die kräftigen Farben und den plakativen Titel mokierten. Das Urteil schien schnell gefällt, war der Film doch vom Gloria-Filmverleih herausgegeben, deren Chefin Ilse Kubaschewski den Ruf hatte, seichte und dadurch populäre Filme zu vertreiben.[34] Der Film sei zu sehr den Klischees des

---

[33] Der Werbespruch ist im Kinotrailer zu ROSEN IM HERBST auf dem Bonusmaterial der entsprechenden DVD zu sehen.

[34] Vor allem mit ihren Heimatfilmen (darunter auch DIE TRAPP-FAMILIE (Wolfgang Liebeneiner, BRD 1956) mit Ruth Leuwerik) wurde Ilse Kubaschewski als eine der prägenden Figuren der deutschen Filmindustrie in den 1950er-Jahren bekannt. Ein kritischer Artikel in *Der Spiegel* verdeutlicht die damalige Sichtweise auf Kubaschewski, wenn ihre ehernen Film-Maximen wie „keine unsympathischen Charaktere als Hauptfiguren, keine Rückblenden (,da kommt det Publikum nicht mit'),

Heimatfilms verhaftet (vgl. Jaspers 2004, 26). Eine Auffassung, die in den wissenschaftlichen Arbeiten zu den Fontane-Verfilmungen oftmals übernommen wurde. Rudolf Jugerts Verfilmung schneidet darin meist am schlechtesten ab und wird als „trivial", „klischeehaft" oder „unliterarisch" kritisiert (vgl. ebd., 28). Als Konsequenz wurde sie ins Schattenreich des Heimatfilms verbannt. Das Werk teilte somit das Schicksal mit vielen, zu Recht oder Unrecht, von der Filmgeschichtsschreibung verachteten deutschen Filmen der damaligen Zeit.

„Das deutsche Kino zwischen 1945 und 1962, zwischen Kriegsende und Oberhausener Manifest, gilt als nur sekundär" (Göttler 2004, 167), hält Fritz Göttler in *Westdeutscher Nachkriegsfilm – Land der Väter* fest. Eine bis heute weit verbreitete Wertung, die nicht zuletzt auf die dominante Rolle des Heimatfilms im deutschen Filmschaffen der 1950er-Jahre zurückzuführen ist.[35] Während die Filme das Publikum massenweise ins Kino lockten, standen und stehen Filmkritik und -wissenschaft den Werken bis heute zumeist skeptisch bis ablehnend gegenüber. Der Filmhistoriker Joe Hembus blickt 1961 in seinem Pamphlet *Der deutsche Film kann gar nicht besser sein*[36] polemisch auf die Filme der 1950er-Jahre: „Er ist schlecht. Es geht ihm schlecht. Er macht uns schlecht. Er wird schlecht behandelt. Er will auch weiterhin schlecht bleiben." (Hembus 1981, 7) Als „sentimentale Schnulzen", „Trivialfilme" und „Flucht vor der Vergangenheit" werden die Filme kritisiert (vgl. Höfig 1973, 7). Besonders der letzte Punkt spricht die Gefühlslage nach dem 2. Weltkrieg an, die augenscheinlich auch zum Nährboden der eskapistischen Heimatfilme wurde. Der Psychologe und Filmwissenschaftler Gerhard Bliersbach beschreibt den Zustand wie folgt:

---

auch beim tragischen, rührseligen Film ein Happy-End ('die Leute woll'n wat Schönes sehn'), viele Bilder von der Heimat Auen, viele Tieraufnahmen ('det greift ans Herz'), sehr viel Musik und 'immer wat zum Lachen'" aufgezählt und spöttisch mit ihren Kommentaren versehen werden (Der Spiegel, 23.01.1957).

[35] Es ist an dieser Stelle anzumerken, dass sich das deutsche Filmschaffen der 1950er-Jahre keineswegs alleine auf den Heimatfilm reduzieren lässt. Ebenfalls ist jedoch auch seine prägende Rolle in jener Zeit nicht zu leugnen.

[36] Ein Text, der als Wegbereiter für den Neuen Deutschen Film gilt und in seiner Polemik die bis heute anhaltende Negativbetrachtung des deutschen Kinos der 1950er-Jahre mitprägte.

Es gab den Schock über die und das Leiden an den eigenen Verlusten. Es gab die Traumatisierung durch die Bombardierungen. Es gab das Entsetzen über das Ausmaß der deutschen Verbrechen und das irreparable Leid. Es gab das Gefühl der *Schande: Man konnte sich nicht mehr sehen lassen.* Es gab die Kränkung der *Niederlage* und die Verletzung des Stolzes. Es gab den Impuls dagegen [...]. Es gab das Gefühl von Schuld. Es gab den Impuls dagegen [...] Es gab das Gefühl von Beschämung über das eigene Handeln. (Bliersbach 2014, 16f.)

Im Kino trat anstelle der verwüsteten und im Wiederaufbau befindlichen Städte die intakte Natur. Orte wie die Alpen oder die Lüneburger Heide dienten als Schauplätze. Kurz nach dem Krieg stand die Sicherung der bloßen materiellen Existenz im Vordergrund, doch bereits zu Beginn der 1950er-Jahre stellte sich immer drängender die Frage nach der neuen deutschen Identität (vgl. Trimborn 1998, 15). Heimat ersetzte nun problematische Begriffe wie „Vaterland" (vgl. Seidl 1987, 62). Laut Jürgen Trimborn manifestierte sich der Verlust eines unbelasteten nationalen Gefühls im Kino als Fluchtort in den zeitlosen, pittoresken Dörfern, die dem unscharfen Begriff der Heimat ein Bild gaben. Die Stadt bilde dabei das kalte, hektische Gegenstück, welches erst das überschaubare Dorf als Ort einer intakten Gesellschaft konstituiere (vgl. Trimborn 1998, 41). Die umgebenden Landschaften bieten in diesem Sinne die hübsche Kulisse für die oftmals romantischen Handlungen, die zielsicher, mitunter tanzend ihrem Happy-End entgegensteuern. So zum Beispiel in SCHWARZWALDMÄDEL (Hans Deppe, BRD 1950), dem ersten Erfolg des Heimatfilms und der ersten westdeutschen Farbproduktion, wenn die junge Bärbele Riederle (Sonja Ziemann) in ihre Heimat, den Schwarzwald, zurückkehrt und über komische Umwege in dem jungen Maler Hans Hauser (Rudolf Prack) ihre große Liebe findet. Die letzte Einstellung zeigt die beiden harmonisch vereint durch die blühenden Wiesen tanzen. Langsam fährt die Kamera gen Himmel und offenbart ein rotes Blumenbouquet, das „Ende" ins wolkenlose Blau schreibt.

Die Kritiker der damaligen Zeit warfen den Heimatfilmen Verklärung und Idealisierung vor, die Darstellung einer harmlosen und heilen Welt, die in scharfem Kontrast zur Gegenwart stünde. Diese Einschätzung prägt den Diskurs über den Heimatfilm bis heute, und es ist auch nicht zu leugnen, dass sie in den einzelnen Filmen ihre Begründung findet. Folgt man aber Johannes von Moltkes Neubetrachtung in *No Place Like Home* (2005), macht man es sich zu einfach, wenn man den gesamten Heimatfilm alleine auf seine eskapistische Funktion reduziert. Der Filmwissenschaftler richtet verstärkt den Blick auf die Filme, in denen die Wechselwirkungen, die Dialektik zwischen Gegenwart und Tradition ausgehandelt werden (vgl. von Moltke 2005, 14). Bei genauer Betrachtung kann man selbst bei einem der populärsten und als Prototyp geltenden Heimatfilm wie GRÜN IST DIE HEIDE (Hans Deppe, BRD 1951) nicht von einer unberührten, idealisierten Welt sprechen. In Bezug auf die Hauptfigur werden in Deppes Film aktuelle Themen wie Heimatlosigkeit, aber auch Kriminalität verhandelt: Kriegsbedingt muss der Protagonist Lüder Lüdersen aus dem Osten fliehen und findet bei seinem Cousin in der Lüneburger Heide als Verwalter eine Anstellung. Dort hat er mit seiner verlorenen Heimat zu kämpfen und wird zum Wilderer (vgl. ebd., 81). Am Ende hilft er aber, einen noch schlimmeren Wilderer zu überführen und rehabilitiert sich damit in der Gesellschaft. Auch in Rudolf Jugerts DER MEINEIDBAUER (BRD 1956) zeigt sich die scheinbar eskapistische Welt als brüchige Fassade: Nach dem tragischen Tod ihres Lebensgefährten wird die Magd Paula Roth (Heidemarie Hatheyer) von dessen Bruder (Carl Wery) um ihr gerechtes Erbe gebracht. Mittellos, als unverheiratete Frau von der Gemeinschaft geächtet, muss sie das Dorf verlassen. Ohnmächtig vor Hass ist es ihr nicht möglich, den Betrug zu vergessen, während der Bruder seinerseits die Vergangenheit nicht abschütteln kann. Ein Gerichtsdiener weiß von seinem Verbrechen und erpresst ihn. Derweil verlieben sich die Kinder der beiden ineinander. Hinter

Die unschuldige Heimat und ihre Fallhöhe in DER MEINEIDBAUER.

der scheinbar intakten Alpenkulisse treten menschliche Abgründe hervor. Die steil aufragenden Berge in den Bildern des Kameramannes Roger Hubert[37] warnen vor der Fallhöhe der darin agierenden Figuren. Der Hass Paulas und die zerstörerische Gier des Bruders lassen mitunter die heiteren Töne des Heimatfilms verstummen. Erst im tödlichen Sturz des Meineidbauers findet der Konflikt sein Ende. Auch wenn der Film mit der Hochzeit der Kinder glücklich aufhört, sind sichtbare Risse im instabilen Gefüge zu sehen und geben dem Konstrukt Heimat einen ambivalenten Charakter.

Die versöhnlichen Enden der Heimatfilme gelten den Kritikern oftmals als Beweis für die Glorifizierung einer unschuldigen, intakten Gesellschaft. Für von Moltke sind sie vielmehr die Konsequenz einer Aushandlung. Ein zeitgenössisches Thema wie die Heimatlosigkeit wird in GRÜN IST DIE HEIDE angesprochen und keineswegs geleugnet. Im glücklichen Ende des Films sieht der Filmwissenschaftler gar eine Parallele zu Douglas Sirks Melodramen der 1950er-Jahre, in denen die unglaubwürdige Auflösung der Konflikte die Widersprüche und Probleme nicht überdeckt, die der Film angesprochen hat: „In this reading, GRÜN IST DIE HEIDE is more than merely an escape or wish fulfillment. Instead it indexes some of the very instabilities and contradictions within the spaces that postwar West Germans would preserve as Heimat." (ebd., 82)

Gleiches sieht von Moltke bei der Thematisierung der Modernisierung, die der Heimatfilm, laut seiner Kritiker, konsequent ausklammert. Als Beispiel nennt er hier Paul Mays DIE LANDÄRZTIN (BRD 1958): Gleich zu Beginn macht sich die junge Medizinerin Petra Jensen (Marianne Koch) auf den Weg, um im kleinen Dorf Kürzlingen eine neue Stelle anzutreten. Sehr zur Verwunderung ihres Kollegen Dr. Friebe, der es nicht nachvollziehen kann, dass man die Stadt und die Chance auf eine große Karriere für eine Anstellung auf dem Land hinter sich lässt. In Kürzlingen angekommen, wird sie mit der Ablehnung der Dorfgemeinschaft konfrontiert, die sich lieber vom Tierarzt als von einer Frau behandeln lässt. Erst mit der Zeit kann sich Petra den Respekt des Dorfes erarbeiten. Im glücklichen Ende finden Petra und der

---

[37] Hubert führte unter anderem für Max Ophüls DIVINE (F 1935) und Marcel Carnés LES ENFANTS DU PARADIS (F 1945) die Kamera.

Tierarzt zueinander. Die Dorfbevölkerung dankt ihr für die Arbeit, und sie bekennt, dass sie für die Anstellung hier gar das Angebot, für eine bedeutende städtische Klinik zu arbeiten, abgelehnt hat. Sie fühlt sich inzwischen in Kürzlingen zuhause und möchte nicht mehr weg. In solchen Beispielen zeigt sich, wie der Heimatfilm die Oppositionen Tradition und Moderne miteinander aushandelt:

> The political conservatism of such films consists not in an antimodern stance, but in the selective embrace of the modern and in the mythologization of modernization as a process that will not threaten the underlying sense of continuity and Gemeinschaft. In this respect, the Heimatfilm contributes decisively to an image of the 1950s as a decade of ‚modernization under a conservative guardianship.' Paul May's film works like so many others of the decade, towards a negotiated peace between Petra and the villagers, between the pressures of urban modernity and the ostensible inertia of rural tradition. (ebd., 127)

Der Film ist damit keineswegs realitätsfern, sondern verbindet auf harmonisierende Weise den Konservatismus der Adenauer-Ära mit der Dynamisierung und Modernisierung des einsetzenden Wirtschaftswunders (vgl. ebd., 115 ff.). Der Heimatfilm nimmt in solchen Beispielen eine konkrete, wenn auch konservative Position gegenüber der Gegenwart ein und lässt sich nicht auf einen Eskapismus reduzieren.

Von Moltke geht es mit seinem Ansatz um eine Ausdifferenzierung des Heimatfilms. Während Filme wie DIE LANDÄRZTIN die Modernisierung in ihre Welten integrieren, sieht er besonders in Filmen, die in der Vergangenheit spielen, stärker eine Flucht vor der Moderne (vgl. ebd., 123 f.). So glorifiziere Ernst Marischkas SISSI (A 1955) die Habsburger Monarchie des 19. Jahrhunderts (vgl. ebd. 124), und die Natur diene der von Romy Schneider gespielten Hauptfigur als idyllischer Rückzugsort vor den Sorgen und Problemen am Hofe (vgl. ebd., 94). In diesem Punkt folgt der Filmwissenschaftler dem gängigen Urteil, dass die zur damaligen Zeit ebenfalls populären Literaturverfilmungen und Kostümfilme oft zur Gattung des Heimatfilms rechnet und ihnen eine eskapistische Funktion zuschreibt. Tatsächlich finden sich in den Historienfilmen der 1950er-Jahre, so zum Beispiel auch in KÖNIGLICHE HOHEIT (Harald Braun, BRD 1953), ebenfalls mit Ruth Leuwerik in der Hauptrolle, oftmals die gängigen Motive des Heimatfilms.

In der visuellen Opulenz von Filmen wie SISSI zeigt sich aber in prägnanter Form ein weiterer Aspekt, den von Moltke im Zusammenhang mit dem Heimatfilm hervorhebt und der die Ästhetik der Filme ins Zentrum rückt: der exzessive Einsatz von Farben im Stil des Technicolors und die Inszenierung in Breitwand-Formaten:

> „For all their ‚traditional' content, these were decidely modern productions. Within the context of film history, their logic must be considered on a level with the Western or the widescreen epic, Hollywood's line of defense against the rise of television in the 1950s." (ebd., 84)

David Bathrick schlägt in seinem Aufsatz *Sissi Hapsburg to Hollywood through Hybrid Blend of Film Genres* den Bogen zum Hollywood-Kino und zeigt, wie die Inszenierung und auch Romy Schneiders Spiel in der Sissi-Trilogie Parallelen zu ähnlich gelagerten Produktionen aus den USA besitzen (vgl. Bathrick 2012, 353 ff.). Auf sprichwörtlich ähnlichen Pfaden wandelt ROSEN IM HERBST, der im zu Anfang des Kapitels zitierten Trailer demonstrativ auf seinen Status als Farbfilm hinweist.

Zwischen Heimatfilm und Hollywood – Ernst Marischkas SISSI.

Im Gegensatz zu Ernst Marischkas Film, in dem zu Beginn die junge Sissi als wilde Reiterin zu sehen ist, scheint sich Ruth Leuweriks Effi jedoch von den Pfaden des eskapistischen Heimatfilms fortzubewegen. Im Film über die Kaiserin Elisabeth ist die Natur noch eine Spielwiese, ein Ort der Geborgenheit, welcher der Kälte und Strenge des kaiserlichen Hofes weichen muss. Die Dualität zwischen Stadt und Dorf, wie sie der Heimatfilm kennt, wird hier auf Sissis schwierige Eingliederung ins höfische Protokoll übertragen. Regelmäßig flüchtet

Sissi in den elterlichen Schoß am Starnberger See. Wenn Effi als gebrochene Figur zurückkehrt, verliert Hohen-Cremmen in ROSEN IM HERBST am Ende jedoch seine Unschuld. Die Augenblicke in der Natur deuten weniger einen stabilen, alternativen Lebensort an, wie sie noch in SISSI inszeniert werden. Es sind vielmehr flüchtige Momente der Freiheit. Hier stellt Jugert ein wiederkehrendes Motiv Fontanes in den Vordergrund: Die Ausflüge in die Natur erlauben für kurze Zeit Gefühle der Liebe und Leidenschaft. Die Figuren scheinen sich den gesellschaftlichen Fesseln entledigt zu haben. Jedoch sind die Augenblicke nur von kurzer Dauer und erhalten in ihrer Vergänglichkeit eine tragische Dimension. Das Glück lässt sich nur erahnen.[38]

Setzte Gründgens der Illusion mit dem Verbotsschild ein Ende, so wandelt ROSEN IM HERBST noch stärker auf den im dritten Kapitel ausgeführten melodramatischen Spuren und rückt das Verhältnis zwischen Effi und Major von Crampas (Carl Raddatz) ins Zentrum. Die beiden verwickeln sich in ihrer Beziehung, bis es für beide keinen Ausweg mehr gibt. Ein erstes Mal kommen die Gefühle beim gemeinsamen Ausritt am Strand auf: Sanfte Kamerabewegungen begleiten Crampas und Effi, wie sie zuerst die Dünen hinunter reiten und dann Seite an Seite den Strand entlang galoppieren. Im Hintergrund ist das tosende Meer zu hören. An einem alten Fischerplatz, die Netze und ein umgekipptes Boot sind noch vorhanden, machen sie Rast. Die harmonische Musik des Beginns verstummt und wird durch bedrohliche Hornklänge ersetzt. „Hören Sie?", fragt Crampas, den Blick in die Ferne gerichtet. „Die Glocken von Vineta, der versunkenen Stadt." Er erzählt Effi von der legendenumwobenen Stätte, die aufgrund des moralischen Verfalls bei einem Sturm unterging. Noch heute soll man die Glocken hören. Dabei setzt er sich neben Effi und mit ihm bewegt sich die Kamera langsam auf das Paar zu. „Heinrich Heine hat sie sogar in

---

[38] So können zum Beispiel die durch ihren Standesunterschied getrennten Botho von Rienäcker und Lene Nimptsch in IRRUNGEN UND WIRRUNGEN [1888] nur in der Natur unbeschwert zusammen sein. Doch selbst auf einem Wochenendausflug nach Hankels Ablage holt sie mit dem überraschenden Besuch von Bekannten Bothos die Gesellschaft ein (vgl. Fontane 2006, 62 ff.).

Aufkommende Gefühle in Rosen im Herbst.

einem Lied besungen." Romantische Musik kommt auf. „Du hast Diamanten und Perlen, hast alles was Menschen begehrt und hast die schönsten Augen, mein Liebchen, was willst du mehr. Mit deinen schönen Augen hast du mich gequält, so sehr, und hast …" An dieser Stelle bricht der Major ab. Aus Effis Gesicht weicht das Lächeln einem nachdenklichen Blick, sichtlich berührt von den Worten. Crampas lenkt das Gespräch unvermittelt auf Innstetten, die Kamera gewinnt wieder Distanz. Effi ist empört über die vorwurfsvollen Worte gegen ihren Mann, setzt sich aufs Pferd und reitet davon. Eine geschlossene Point-of-view-Struktur akzentuiert, wie Crampas ihr tatenlos nachblickt. Von einem Tusch begleitet, zeigt ihn die letzte Einstellung allein am Strand.

Die Musik dient als Leitfaden durch die Irrwege der Gefühle. Zu Beginn von harmonischen Tönen begleitet, wird das Reitmotiv vom Anfang erneut aufgenommen. Effi scheint sich beim Ausritt von den beengenden Gefühlen, die sie seit ihrer Ankunft in Kessin verspürt, lösen zu können. Sie wirkt befreit, als die beiden von ihren Pferden steigen. Die romantischen Klänge und die sich nähernde Kamera unterstreichen den kurzen, intimen Moment zwischen ihnen. In der Stille, nur das Rauschen des Meeres ist zu hören, spricht Crampas die kritischen Worte. Schwerfällige Musik geht mit Effis überstürztem Aufbruch einher, der Schlusston akzentuiert die letzte Einstellung und mit ihr den einsamen Major. Rudolf Jugert inszeniert hier die flüchtigen Augenblicke, die ihnen die Abgeschiedenheit des Strandes erlaubt. In der Überhöhung des Meeres und der weiten Landschaft wird die Unwirklichkeit des Momentes angedeutet. Es sind kurzlebige Gefühle der Freiheit und der Leidenschaft. Mit der Erwähnung Innstettens fällt sogleich sein weitreichender Schatten über den fragilen Moment. Im tosenden

Meer spiegeln sich nicht nur Effis aufkeimende Gefühle. Die allgegenwärtigen Fischernetze zeigen die unauflösliche Verwicklung beider Charaktere. Im Gegensatz zur Vorlage und zu den anderen Verfilmungen stehen hier Crampas Emotionen gleichberechtigt neben jenen der Protagonistin. Ihm und seinem nachtrauernden Blick gehört das letzte Bild der Sequenz.

Die Dramatik, welche sich dabei über die Szenerie legt, erfährt beim endgültigen Abschied noch eine Steigerung: Crampas wird am rechten Bildrand vom Dunkel ihres gemeinsamen Verstecks beinahe verschluckt. Das Muster des Fischernetzes, welches über das Fenster gespannt ist, wirft einen Schatten auf Effis Gesicht, die nach draußen aufs Meer blickt. Die Kamera folgt ihm zum Fenster und ist dem Paar nahe, als er sie zärtlich umarmt. Effi befreit sich aus seiner Umklammerung und stößt die Eingangstür weit auf. Erneut ist das tosende Meer im Hintergrund zu sehen, während sich ein aufgehängtes Fischernetz zwischen die beiden Figuren schiebt. Sie schaut durch den Türrahmen hinaus und spricht: „Manchmal wünschte ich, das eine große Welle käme und würde die Hütte unter sich begraben, wie deine versunkene Stadt Vineta." Seine Hände legen sich leidenschaftlich um ihren Hals: „Die See tut mir nichts, wer für den Strick geboren ist, kommt nicht im Wasser um." Langsam löst sie sich aus seinem Griff. Mit eindringlichem Blick fragt sie: „Hast du eigentlich ein Gewissen ... du?" Den Blick standhaltend antwortet er: „Du solltest mich nicht danach fragen." Crampas wendet sich ab. Nun sucht Effi seine Nähe und verfängt sich dabei beinahe im Fischernetz. Die Kamera kommt den beiden Figuren noch einmal nahe, während Effi die abschließenden Worte spricht: „Was weiß man nicht alles, und tut's doch." Ein inniger Kuss der beiden überblendet in die brechende Meereswelle.

Gefangen im Netz der Leidenschaften in Rosen im Herbst.

Die moralische Verfehlung wiegt schwer auf Effis Schultern. Über Flucht wird nachgedacht, aber wohin? Das Meer, Zeichen ihrer aufkommenden Gefühle, soll eben jene unter sich begraben. Die allgegenwärtigen Fischernetze stehen den Figuren nun im Weg, sie können ihnen nicht entkommen. In Schicksalsgemeinschaft mit der Stadt Vineta bedeutet ihre Liebe gleichzeitig ihren Untergang. Eine letzte Umarmung, bis sich in der brechenden Welle ihre Gefühle und die Andeutung ihres tragischen Ausgangs verbinden. Noch einmal beschwört Jugert am Ende einen flüchtigen Augenblick des Glücks herauf. Standen in der ersten Sequenz die aufkommenden Gefühle im Zentrum, ist es nun ihr zwangsläufiges Ende. Sehnsüchtig blickt Effi zu Beginn aus dem Fenster, doch bereits hier wirft das Flechtwerk einen bedeutungsschweren Schatten auf ihr Gesicht. Der Wunsch nach Liebe und Freiheit steht im Widerspruch zur Gesellschaft. Ein Widerspruch, dem beide Figuren nicht entkommen werden.

Der dramatische Konflikt sublimiert sich in die Mise-en-scène und thematisiert dabei das psychologische Schicksal der Figuren. Was Thomas Elsaesser für die Hollywood-Melodramen festhielt (vgl. Elsaesser 1994, 105), lässt sich auch über Rudolf Jugerts Inszenierung sagen. In ROSEN IM HERBST erfahren die unter der Oberfläche pochenden Probleme der Figuren eine Konversion und werden auf dem Körper des Films sichtbar, wie es Michael Palm, ebenfalls in Bezug auf das amerikanische Melodrama, schrieb (vgl. Palm 1994, 212 f.). Wenn sich Ruth Leuwerik in den Fischernetzen verfängt, werden optische und thematische Parallelen zum Beginn von WRITTEN ON THE WIND (Douglas Sirk, USA 1956) deutlich, als Lauren Bacall in den Vorhängen versinkt und vor Schwäche zusammenbricht. Rudolf Jugert streicht die melodramatischen Grundstrukturen des Romans hervor und erzählt das Schicksal seiner Protagonistin als Leidensgeschichte. Sie und Crampas scheitern am Widerspruch zwischen ihren eigenen Sehnsüchten und einer Gesellschaft, die solche Gefühle nicht zulässt. Hier ist der Regisseur mit ROSEN IM HERBST nahe bei Douglas Sirk oder Vincent Minelli, deren Filme ihre Spannung aus der Externalisierung der inneren Gefühlskonflikte ihrer Protagonisten gewinnen.

Bis zu jenem Augenblick, wo die Handlung beinahe ganz hinter das Sichtbarwerden der inneren Vorgänge zurücktritt. Bei Jugert findet sich eine solche Stelle, als Effi ein erstes Mal im Haus in Kessin alleine ist. Bereits als Innstetten ihr das gemeinsame Heim vorstellt, setzt mit ihrem ersten Schritt im neuen Umfeld bedrohliche Musik ein. Erschrocken fällt Effis Blick auf einen ausgestopften Alligator. In der Nacht hat sie einen Albtraum, sie meint, Schritte im leeren Ballsaal über ihrem Schlafzimmer gehört zu haben. Die Dienerin Johanna gibt der Angst zusätzliche Nahrung, als sie vom Chinesen erzählt, der oben seine Hochzeit gefeiert habe und um dessen Tod sich im Dorf Spuckgeschichten ranken. Innstetten nimmt ihre Sorgen jedoch nicht ernst. Einzig zur Verbannung einer Chinesenfigur vom Schlafzimmer in den oberen Saal ist er bereit. Kurz darauf lässt er seine junge Frau während einer Geschäftsreise alleine im Haus: Während draußen ein Sturm tobt, macht sich Effi bereit für die Nacht. Der Wind bläst die Vorhänge auf, vereinzelte Blitze, von Donner begleitet, erhellen den Raum. Das tosende Gewitter entlockt dem Haus unheimliche Geräusche. Besorgt schließt sie die Fenster, ein letzter Windstoß löscht die Kerzen aus. Dunkelheit macht sich im Raum breit und verschluckt sie komplett. Ängstlich öffnet sie die Tür zum Flur. Langsam schreitet Effi die Treppe hinauf. Die Kamera filmt sie dabei in starker Aufsicht, eine einsame Lichtquelle sorgt für scharfe Kontraste, die dunkle Schatten auf Effi und die dahinterliegende Wand werfen. Erneutes Grollen löst die bedrohliche Musik ab. Zögerlich öffnet sie die Türe zum Ballsaal, als im gleichen Moment ein weiterer Blitz einschlägt. Sein kaltes Licht erhellt ihr vom Schrecken gezeichnetes Gesicht. Vorsichtig wagt sie sich in den Raum. Der Sturm hat nun seinen Höhepunkt erreicht. Blaue Lichter durchzucken den Raum, während sich die Vorhänge zu überlebensgroßen Figuren aufplustern. Vergeblich versucht Effi, die Gardinen auf die Seite zu schieben, als sie der Chinesenfigur im linken Eck gewahr wird. Die Kamera übernimmt ihren Blickwinkel und fährt auf die Puppe zu, bis diese das gesamte Bild einnimmt. Ein schwaches „Nein" entfährt Effi noch, bevor sie zusammenbricht. Langsam bewegt sich die Kamera von der Bewusstlosen weg und zeigt die Vorhangsenden, deren Säume am Boden rascheln und die einen Stock tiefer wie Schritte klangen.

Das Spukhaus und sein Opfer in ROSEN IM HERBST.

Wie in einem Schauerroman und seinen filmischen Entsprechungen präsentiert sich das Haus im Zeichen des Sturms.[39] Die düsteren und vollgestellten Räume erdrücken die Protagonistin. In „einem schäumenden Furioso aus Farben, Schatten, Blitz und Angst", wie es die Filmkritikerin Franziska Violet in einer zeitgenössischen Kritik nannte (Süddeutsche Zeitung, 25.11.1955), wird der Zusammenbruch von Effi inszeniert. Hartes Low-key-Lighting und extreme Kameraperspektiven externalisieren die Panik der Hauptfigur in die Szenerie. Es sind Furcht und Fremdheit, die sich im Antlitz des Hauses offenbaren. Auch im literarischen Hypotext nimmt das Haus eine wichtige Rolle ein. Es wird von Effi als „Spukhaus" (Fontane 2011, 100) bezeichnet. In ihm zeigt sich die Mühe der Protagonistin, sich in ihrem neuen Leben zurechtzufinden. Innstettens Unverständnis vertieft den Graben zwischen ihnen und treibt Effi in die Arme Crampas', der vom Spuk als Innstettens Erziehungsmittel oder, wie es Fontane im Kommentar deutlich macht, von einem „Angstapparat aus Kalkül" spricht (ebd., 133 f). Jugert nimmt das Motiv auf, setzt aber einen deutlichen Akzent. Am Strand, beim ersten Ausritt, spricht Crampas von der „Angst als Aufpasser", wie sie Innstetten nütze, und er provoziert damit Effis überhasteten Aufbruch. Eine Entsprechung der Sequenz mit dem nächtlichen Sturm kommt bei Fontane nicht vor. Der Film setzt hier erneut den Fokus auf die Gefühlswelt der Protagonistin und gibt jener in der emotional und sinnbildlich aufgeladenen Mise-en-scène Ausdruck. Das Haus erhält hier eine Bedeutung für die Protagonistin, die

---

[39] Elasesser betrachtet den Schauerroman in seiner Verwendung sinnbildlicher Motive als einen Vorläufer des Melodramas (vgl. Elsaesser 1994, 94).

an Alfred Hitchcocks REBECCA (USA 1940) erinnert. Dort hängt über dem Herrschaftshaus Manderley der dunkle Schatten der Vergangenheit. Nach dem ungeklärten Tod von Mrs. de Winter wird Maxim de Winters (Laurence Olivier) neue Frau Rebecca (Joan Fontaine) in den düsteren Räumen des Hauses ständig mit der Vergangenheit ihrer Vorgängerin konfrontiert. Ihr neues Zuhause wird zunehmend zur Projektionsfläche ihrer Ängste, und es lässt in ihr einen fürchterlichen Verdacht gegenüber ihrem Ehemann aufkommen. Wie bei Hitchcock, so wird auch in ROSEN IM HERBST über das Haus die aufgewühlte Gefühlswelt der Protagonistin transportiert.[40] Während in REBECCA die unheimliche Szenerie stärker mit dem Fortschreiten des mysteriösen Plots einhergeht, scheint bei Jugert der narrative Fluss in der beschriebenen Sequenz für einen kurzen Moment in den Hintergrund zu treten, um den inneren Konflikt der Protagonistin ins Zentrum zu stellen.

Der Film erinnert dabei an eine Darstellungsform, die der Filmwissenschaftler Hermann Kappelhoff als „Dauer der Empfindung" umschreibt und die er besonders in Douglas Sirks Melodramen wiederfindet, so zum Beispiel in einer Sequenz aus MAGNIFICENT OBSESSION (USA 1954) (vgl. Kappelhoff 2004, 156 ff.): Helen Philipps (Jane Wyman) hat durch einen Unfall ihr Augenlicht verloren. In der Hoffnung auf Hilfe reist sie für eine ärztliche Konsultation aus den USA in die Schweiz. Dort hat sie soeben die tragische Diagnose erhalten, dass ihre Blindheit irreparabel ist. Alleine in ihrem Hotelzimmer tastet sie sich zum Balkon, wo sie aus Versehen einen Blumentopf von der Brüstung stößt. Im Angesicht ihres unabwendbaren Schicksals beginnt sie laut zu schluchzen. „Wie kann die Innenwelt eines empfindenden, eines fühlenden ‚Ich' dargestellt, wie kann sie sichtbar werden? Das ist die Grundfrage jeder melodramatischen Inszenierung" (ebd., 156), so hält Kappelhoff fest und sieht die Frage in jenen Momenten prägnant beantwortet, wenn die fortschreitende Handlung ins Stocken gerät,

---

[40] In seinem bekannten Gespräch mit François Truffaut in *Mr. Hitchcok, wie haben Sie das gemacht?* (2003) weist Hitchcock darauf hin, dass die psychologische Situation der Protagonistin im Vordergrund von REBECCA gestanden habe und dass man in diesem Zusammenhang das Haus als dritte Hauptperson des Films nennen könnte (vgl. Hitchcock zit. in Truffaut 2003, 118 ff.).

während der Film doch weiter läuft. Der Stillstand der äußeren Handlung eröffnet den Raum für ein inneres Geschehen (vgl. ebd., 156 f.). Während sich Helen durch den Raum tastet, ist das offene Fenster die primäre Lichtquelle. Der Ausblick offenbart dabei das Bild eines pittoresken schweizer Dorfes. Einen Ausblick, den Helen nicht sehen kann, wenn sie sich verzweifelt auf den Balkon begibt. Wie Kappelhoff betont, wird nicht die Schweiz, sondern die Imagination einer Schweiz, wie sie im Bilderbuch steht, gezeigt (vgl. ebd., 158).

> Der Fensterausblick ist als Illusion eines Blicks, als Vorstellung eines Idylls Teil des darstellenden Bilds und nicht etwa das Dargestellte selbst. In zugespitzter Konkretion beschreibt das Zimmer mit Aussicht einen Raum ohne Außen: es beschreibt die Welt der blinden Frau. Auf die Figur bezogen illusioniert der Fensterausblick also buchstäblich eine Wunschvorstellung, ein erträumtes Bild, wie sie es sich vorstellen mag. Für den Zuschauer aber beschreibt der Raum als Ganzes die innere Welt der Figur: Für ihn wird der Bildraum sukzessive Raum des Bewusstseins der blinden Frau, die nur eine Idee vom ländlichen Idyll vor Augen hat. (ebd., 158)

Nicht nur in der ausgestellten Illusion des helvetischen Panoramas zeigt sich die Innenwelt der Protagonistin. In der „Modulation des Bilds beschreibt der Film die Wandlung des Gefühls, die Dauer der Empfindungsbewegung." (ebd., 161) Dies zeigt sich besonders deutlich in der Lichtdramaturgie. Es ist die einbrechende Nacht, die den Raum in immer stärkere Dunkelheit hüllt. Eine Düsternis, die sich in ihrer langsamen Progression direkt auf die inneren Gefühle Helens übertragen lässt und die sie beinahe verschlingt. So wenn Helen sich

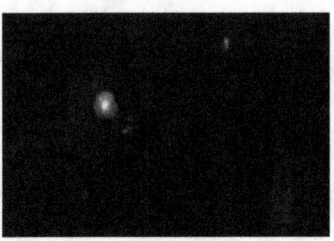

Der Raum des inneren Geschehens in MAGNIFICENT OBSESSION.

vor Schwäche an der Holzsäule abstützt und ihr Gesicht im schwarzen Bildbereich zu verschwinden droht. Das Fenster als Lichtquelle erzeugt ein unruhiges Schattenbild und externalisiert ihre Aufgewühltheit. Am Ende tritt sie auf den Balkon und damit ins Licht. Statt Optimismus „illuminiert er [...] die Hoffnungslosigkeit der Blinden. Von der Figur aus betrachtet könnte man sagen, in der Dunkelheit ihrer Verzweiflung dämmert der Gedanke eines letzten Auswegs." (ebd., 161) Ein Ausweg, der durch den hinunterfallenden Blumentopf und ihren emotionalen Zusammenbruch angedeutet wird. Erst die überraschende Ankunft ihrer großen Liebe, des von Rock Hudson gespielten Bob Merricks, lüftet den dunklen Schatten der Sequenz.

Die Dauer der Empfindung, die Verwendung der Mise-en-scène und der Fokus auf das Sichtbar-Werden der Gefühle finden sich in akzentuierter Form in Rudolf Jugerts Film. Die herannahende Nacht ist in ROSEN IM HERBST der aufkommende, ungleich dramatischere Sturm. Die ausgestellte Illusion und ihr tragischer Schatten weichen einem Albtraum, dem Abbild von Effis Ängsten. Die ostentativ ausgestellte Schweiz wandelt sich zum ausgestopften Krokodil und der Chinesenfigur. Auch bei Jugert transformiert der Raum sukzessive zu Effis innerer Gefühlswelt, zu ihren Ängsten, bis sie schlussendlich im Ballsaal machtlos zusammenbricht. Die raschelnden Vorhänge stellen ihre Furcht als Trugschluss aus. Ganz so wie es Kappelhoff für MAGNIFICENT OBSESSION hervorhebt, beschreibt die plane Inhaltsangabe das inszenierte Geschehen nicht hinreichend (vgl. ebd., 157). Die primären Handlungen treten gegenüber den inneren Gefühlswelten in den Hintergrund.

Wie Sirk belässt es Jugert nicht bei der Herausarbeitung der inneren Gefühlswelten. Der Kontrast zwischen ihren flüchtigen Momenten und einer repressiven Gesellschaft, die Freiheit und Selbstverwirklichung nicht zulässt, die ungelösten Widersprüche werden sogar teilweise von einer Art Leseanleitung begleitet. Douglas Sirk drückt seinen Figuren kommentierende Literatur in die Hände. So erhält Henry David Thoreaus *Walden* (1854) in ALL THAT HEAVEN ALLOWS (Douglas Sirk, USA 1955) einen prominenten Platz. Thoreau beschreibt darin den Versuch eines alternativen Lebensstils in der Natur, wie ihn in idealistischer Form der Gärtner Ron Kirby lebt. Das Buch lenkt den Blick auf den Gegensatz zwischen Thoreaus Rousseauismus und einer etablierten amerikanischen Gesellschaft, die sich sicher fühlt und primär ihre komfortablen Errungenschaften und Institutionen beschützt. Am Ende liegt der Widerspruch offen zutage, wie Sirk selbst sagt (vgl. Halliday 1971, 98 f.). In THE TARNISHED ANGELS (Douglas Sirk, USA 1957) gibt der Reporter Burke Devlin seiner Liebe LaVerne Shumann das Buch *My Ántonia* (1918) von Willa Cather. Wie Sirk in dem Zusammenhang festhielt, gab es eine Zeit, in der er eine große Liebe für die USA empfand. Eine Verbundenheit, die durch Hiroshima und die McCarthy-Ära herausgefordert wurde (vgl. ebd., 100). Im Zusammenhang mit der Geschichte des wagemutigen Sportfliegers Roger Shumann zu Zeiten der Großen Depression wirkt Cathers Erzählung aus der Pionierzeit Amerikas wie ein melancholischer Nachhall. Shuman ist ein moderner Cowboy in einer Gesellschaft, die nach anderem verlangt.

Statt mit einem literarischen Verweis, kommentiert Jugert eine seiner Sequenzen mit einem Zitat aus der Malerei. Bereits Gründgens nahm die Abendgesellschaft bei Apotheker Gieshübler, bei der Marianne Trippelli ein anrüchiges Lied singt, zum Anlass, um die Verlogenheit und die repressive Kraft der Gesellschaft aufzudecken. Auch in Fontanes Roman werden der kontrollierende Blick und die übermächtigen Konventionen thematisiert (vgl. Fontane 2011, 89 ff.). In ROSEN IM HERBST ist es ebenfalls wieder Effi, die als einzige applaudiert, nachdem das extra für den Film von Franz Grothe komponierte Lied *Nach hunderttausend Küssen* verstummt ist und sich die restliche Abendgesellschaft empörte Blicke zuwirft (vgl. Jaspers 2004, 26). Im Hintergrund ist dabei Édouard Manets *Das Frühstück im Grünen* (1863) prominent platziert, und es wird wiederholt gezeigt. Darin aktualisiert, profaniert der Maler ein Motiv Rafaels aus *Urteil des Paris*[41], in dem er die Götter der griechischen Mythologie durch Menschen ersetzt. „So brachte er die vertraute sonntägliche Ausflugsstimmung des beim

---

[41] Das Bild ist verschollen, Manet kannte es von einem Kupferstich Marcantonio Raimondis (vgl. www.musee-orsay.fr).

Ausgestellte Prüderie in Rosen im Herbst.

Bürgertum so beliebten Picknicks mit der ebenfalls in den Pariser Naherholungsgebieten angesiedelten Prostitution in Verbindung" (Krausse 2005, 71). Das Bild, bei dem Manet mit dem Titel *Der flotte Vierer* kokettierte, wurde dementsprechend als anstößig und nicht kunstwürdig empfunden.⁴² Mit der Platzierung von Manets Bild und dem damit angedeuteten Empörungsdiskurs wirft Jugert ein kommentierendes, kritisches Licht auf die Abendgesellschaft. Die nackte Frau im Hintergrund stellt die Banalität der Empörung um die unzähligen Küsse aus. Das Ganze wird noch humorvoll auf die Spitze getrieben, wenn die alte Frau Trippel verlegen ihre Hörhilfe weglegt und sich der scheue Blick des Pastors mit dem strengen Ausdruck in den Augen seiner Ehefrau kreuzt. Der Kritik wird allerdings etwas die Spitze gebrochen, wenn Crampas während des anrüchigen Liedes den Raum betritt. Wie bereits in der Strandsequenz wird er im Ansatz als Verführer gezeichnet, der die wehrlose Effi umgarnt. Im Gegensatz zur Vorlage wird der Major, wie auch in DER SCHRITT VOM WEGE (Gustaf Gründgens, D 1939), in die Abendgesellschaft integriert, um ihn als unbeschwerten Geist, aber auch als Damenmann zu zeichnen, als den ihn Effi im Roman an anderer Stelle bezeichnet (vgl. Fontane 2011, 105).

Die raue pommersche Landschaft Kessins erweist sich als wenig fruchtbarer Boden für eskapistische Projektionen. Bei genauerer Betrachtung von ROSEN IM HERBST zeigen sich in der Ästhetik und im Fo-

---

⁴² Heute ist das Bild im Musée d'Orsay in Paris ausgestellt (vgl.: www.musee-orsay.fr).

kus auf die Gefühlswelten der Hauptfiguren Parallelen mit zeitgleichen Melodramen aus den USA. Mit ansatzweise ähnlichen Strukturen unterwandert Rudolf Jugert die zumeist heilen Welten der damals populären Kostüm- und Heimatfilme und streicht das tragische Schicksal der Hauptfigur, wie es in der literarischen Vorlage angelegt ist, hervor. Man muss deshalb auch nicht Claudius Seidl folgen, der den Film dafür kritisiert, dass er die Katharsis, die Läuterung von Effis Seele ins Zentrum seiner Handlung stellt (vgl. Seidl 1987, 148). Wenn Ruth Leuwerik die Originalworte Fontanes spricht: „Denn er hatte viel Gutes in seiner Natur und war so edel, wie jemand sein kann, der ohne rechte Liebe ist"[43] (Fontane 2011, 294), dann offenbaren sie den Widerspruch zu den vorhergehenden Worten Effis: „Von dem armen gelben Mann, der war gar nicht so arm. Der ist freiwillig gestorben. Liebe ist die höchste Form der Religion." Der letzte Satz stammt vom Grabstein des Chinesen. Die Angst vor seinem Geist, vor seinem Schicksal ist einem traurigen Fatalismus gewichen, einer stillen Anklage an die Gesellschaft. In der letzten Einstellung sind nochmals die brausenden Wellen als Nachhall der flüchtigen Emotionen zu sehen. Zuvor ist die leere Schaukel im Bild, in deren Rhythmus die Kamera zu Beginn mitschwang. Hier gestaltet Jugert eine ähnlich tragische Kreisbewegung, wie sie auch Sirk in seinen Filmen einsetzte (vgl. Halliday 1971, 48). Effi kehrt am Ende in ihr Elternhaus zurück. Aus der wilden Figur des Anfangs ist eine vom Leben gezeichnete Frau geworden. Noch ein letztes Mal steigt Effi auf die Schaukel, und sie bricht vor Erschöpfung zusammen. Es ist weniger ein modernes Frauenbild, das Jugert zeichnet, als vielmehr die Verletzlichkeit der Gesellschaft. Am Ende sind alle Opfer. Er ist dabei nahe bei Fontane, der auch weniger über seine Figuren richtet, sondern vielmehr ein soziales Gefüge darstellt, das seine Protagonisten zu ihrem Handeln zwingt. Im tragischen Schicksal der Figuren zeigen sich die offenen Widersprüche der Gesellschaft. Im Gegensatz zu Sirk, der in den meisten seiner Filme das glückliche Ende als unwirklich ausstellen musste, liefert Fontane selbst Jugert einen

---

[43] Der Drehbuchautor Horst Budjuhn schrieb eigentlich den Dialog „Im Grunde war er gut, nur ... (sie gleitet langsam ins Kissen zurück) ... er hatte die rechte Liebe nicht", doch Leuwerik bestand auf den Originaltext (vgl. Jaspers 2004, 28).

traurigen Schlusspunkt, der die kurzen Momente des Glücks zu flüchtigen, nicht mehr greifbaren Augenblicken macht.

Der Film richtet dabei den Blick nicht allein auf die Zeit, in der die literarische Vorlage entstand und handelt. Dies wird in der Mitte des Films deutlich: Dank Innstettens Beförderung kann Effi endlich Kessin und die schwerwiegende Vergangenheit hinter sich lassen. Bei der Zugabfahrt legt sich ein finaler Schatten auf ihr Gesicht, als sie Crampas noch einmal erblickt. An der Stelle macht die Handlung einen großen Sprung. Das glückliche Ehepaar hat sich in Berlin gut eingelebt. Sie sind Gastgeber einer großen Silvesterfeier, bei der ebenfalls der preußische Minister den Übergang ins 20. Jahrhundert feiert und zu diesem Anlass eine Rede hält: „Das 19. Jahrhundert, ein guter alter Freund, hat uns für immer verlassen. Das 19. Jahrhundert ist tot, es lebe das 20. Jahrhundert. Möge es uns allen werden ein Jahrhundert der Freude, des Fortschritts ... und des Friedens." Für diese Silvesterfeier zur Jahrhundertwende wurde die gesamte Handlung gegenüber der Vorlage um mehrere Jahrzehnte vorverlegt. Kristina Jaspers sieht die Gründe dafür in der Möglichkeit, Ruth Leuwerik als Star einen glamourösen Auftritt zu ermöglichen (vgl. Jaspers 2004, 23). Die bedeutungsschwere Pause des Ministers und die folgenden Worte „und des Friedens" müssen 1955 jedoch ihre Wirkung ebenfalls nicht verfehlt haben. Sie lenken den Blick auch auf die jüngere Vergangenheit und Gegenwart. Es ist ein schmerzhafter Kommentar in einer Zeit, in der man die eigene Vergangenheit hinter sich lassen möchte und in der Öffentlichkeit Stärke propagiert. Eine Zeit, in der das eigene Leiden und die eigene Schwäche der Verdrängung und dem Blick nach vorn weichen müssen. Wie es von Moltke für bestimmte Werke des Heimatfilms konstatiert, drängt die Gegenwart hier in die Handlung. In einer indirekteren, allgemeineren Form, als es die Beispiele des Heimatfilms verdeutlichten, dafür bleibt der Konflikt am Ende als ungelöster Widerspruch bestehen. Es kommt nicht zur harmonisierenden Aushandlung. Effis Schicksal, ihr ausgestellter Schmerz und ihre Machtlosigkeit stehen in diesem Sinne ein wenig quer zu einem konstruierten deutschen Selbstbild der 1950er-Jahre, wie es nicht zuletzt auch viele deutsche Filme der damaligen Zeit transportierten.

## 6. 1969: EFFI BRIEST

> Dem Schöpferkollektiv [ist] [...] ein Unterhaltungsfilm mit zeitkritischem Akzent gelungen [...], der dank seiner guten schauspielerischen Leistungen und einer gewissen Attraktivität des Milieus sicher ein breites Publikum finden wird, zumal er durch eine neue Interpretation Fontanes der Rezeption dieses bekannten Romanciers durch unser Publikum eine neue Basis schafft. (Zulassungsentscheid des Ministeriums für Kultur (9.6.1970) zit. in Beutelschmidt 2009, 319)

Der positive Befund zu Wolfgang Luderers Fernsehfilm EFFI BRIEST (DDR 1969) entstammt dem Zulassungsentscheid zur Kinoauswertung des Ministeriums für Kultur. Am 7.3.1970 wurde die Verfilmung von Theodor Fontanes Roman im zweiten Kanal des DDR-Fernsehens ausgestrahlt. Zur Aufwertung der zweiten TV-Programmschiene drehte man den Film mit großem Aufwand in den DEFA-Spielfilmstudios und in Farbe (Orwocolor).[44] Wie der Medienwissenschaftler Thomas Beutelschmidt festhält, stand schnell fest, dass die Adaption auch eine Aufführung auf der großen Leinwand erhalten sollte. Die 500.000 Kinobesucher bedeuteten einen überraschenden Erfolg, der den Film dann sogar auf die andere Seite der Mauer beförderte.[45] Die Strategie, erfolgreiche Fernsehfilme durch das Kino an ein größeres Publikum zu bringen, wurde in der DDR gelegentlich praktiziert. Man wollte damit der Kinomüdigkeit und dem Einfluss des Westens zuvorkommen. Mit wenigen Ausnahmen stießen die Fernsehfilme jedoch

---

[44] Fernsehproduktionen mit hohen Ausstattungsbedarf wurden oftmals in den DEFA-Spielfilmstudios gedreht. Die SED hatte großes Interesse an einer engen Zusammenarbeit zwischen der Film- und Fernsehproduktion. In der Realität entstand daraus aber oftmals ein Konkurrenzkampf (vgl. Beutelschmidt 2013, 93 ff.). Der Deutsche Fernsehfunk (die staatliche Fernsehanstalt der DDR) gewann zunehmend an Bedeutung und konnte die DEFA mitunter bei der Jagd nach interessanten Vorlagen ausstechen, so etwa auch mit EFFI BRIEST (vgl. Wrage 2008, 265).

[45] 1985 wurde der Film dann nochmals zum Politikum. Die „Übersiedlung" der Hauptdarstellerin Angelica Domröse und des Kameramanns Günter Marczinkowskys in den Westen hatte die Zensur des Films zur Folge. Eine Entscheidung, die 1987 aber wieder aufgehoben wurde. (vgl. Beutelschmidt 2009, 319 f.)

nicht auf große Resonanz, und in den 1980er-Jahren wurde der Kinovertrieb von Produktionen des Deutschen Fernsehfunks (DFF) komplett eingestellt (vgl. Beutelschmidt 2009, 260 ff.).

Die untypische Karriere von Wolfgang Luderers Film lässt sich ansatzweise durch den filmpolitischen Kontext erklären: Nachdem die SED bereits 1958 an einer dreitägigen Konferenz mit dem Filmschaffen der DDR abrechnete und eine neue Richtung vorgab[46], sah sich die Staatspartei der DDR 1965 am 11. Plenum des Zentralkomitees zu einem größeren Kahlschlag veranlasst. Ließ die Tagesordnung zunächst ein Wirtschaftsplenum vermuten, wurden die Zentralkomitee-Mitglieder und Gäste kurzfristig auf kulturpolitische Themen eingeschworen (vgl. Knoth 1991, 64 ff.). Ob man mit der Fokusverlagerung von der „restriktiven, sich Moskau unterwerfenden Wirtschaftspolitik" ablenken wollte, oder ob ein von der Sowjetunion gesteuerter Machtkampf in der SED-Spitze den Hintergrund für den neuen Themenschwerpunkt bildeten, ist noch heute Gegenstand von Diskussionen (vgl. Gersch 2004, 380). Unter dem Wortführer und späteren Generalsekretär Erich Honecker fand im Dezember 1965 ein kulturpolitisches Autodafé statt (vgl. Hoff 1991, 105). Anstatt auf dem Scheiterhaufen landete die halbe Jahresproduktion der DEFA, darunter Filme wie DAS KANINCHEN BIN ICH (Kurt Maetzig, DDR 1965) oder KARLA (Herrmann Zschoche, DDR 1965), in den Archiven. Im Fahrwasser des Plenums wurde etwas später auch Frank Beyers SPUR DER STEINE (DDR 1966) verboten, der zunächst als Antwort auf die zensierten Filme geplant war. Die Kritik richtete sich erneut gegen eine verbreitete Skepsis gegenüber der gegenwärtigen Gesellschaft in den Filmen, „die der Erhöhung der Arbeitsproduktivität im Wege stünde" (ebd., 382). Hatte sich die Filmproduktion nach 1958 langsam erholt und wieder

---

[46] Die Partei kritisierte den Naturalismus und kritischen Realismus, den sie in Filmen wie BERLIN – ECKE SCHÖNHÄUSER (DDR 1957) des Regisseurs Gerhard Klein und seines Drehbuchautors Wolfgang Kohlhaase fanden. Die Filme würden sich zu stark am italienischen Neorealismus orientieren. Dies „brächte die Menschen in Opposition zum Staat, sei also unbrauchbar im Sozialismus, der nur ‚lösbare Widersprüche vorübergehender Art' kenne". Die Filmkonferenz lähmte den Gegenwartsfilm der DDR für Jahre (Gersch 2004, 372).

an Aktualität gewonnen, wurde sie mit der punktuell massivsten Zensurmaßnahme der deutschen Filmgeschichte erneut zurückgebunden (vgl. ebd., 380). Bis auf vereinzelte Ausnahmen[47] dauerte es acht Jahre, bis die DEFA mit DIE LEGENDE VON PAUL UND PAULA (Heiner Carow, DDR 1973) und dem Oscar-nominierten JAKOB DER LÜGNER (Frank Beyer, DDR 1975) wieder von sich reden machte.

Wie Peter Hoff festhält, blieb der Deutsche Fernsehfunk von der öffentlichen Kritik des 11. Plenums weitestgehend verschont. Honecker nannte, anders als bei seiner Kritik des Films und der Literatur, keine konkreten Beispiele aus dem Fernsehen, um „fremde und schädliche Tendenzen" innerhalb der Kulturindustrie anzuklagen. Das Fernsehen war ohnehin noch unmittelbarer kontrolliert als die DEFA. Es unterstand direkt der Abteilung Agitation und Propaganda beim Zentralkomitee der SED und nicht wie die DEFA dem Ministerium für Kultur. Damit spürte es die Macht der SED-Ideologen stets direkter, und seine Rolle als unmittelbares Propagandainstrument der SED wurde wiederholt klargestellt. So war es bereits 3 Jahre zuvor gemaßregelt worden, als es im Zusammenhang mit dem 10-Jährigen Jubiläum des Fernsehzentrums Berlin[48] eine Reihe von Ursendungen plante. Ein Teil der fertigen Produktionen erschienen der Staatspartei schon damals zu experimentell, und so verbot sie unter anderem den Fernsehfilm MONOLOG EINES TAXIFAHRERS (DDR 1962) von Günter Stahnke, der erst nach der Wende 1990 seine Premiere feiern konnte. Der Intendant des Deutschen Fernsehfunks, Heinz Adameck, ließ daraufhin bei der Feier des 10. Jahrestages verlauten:

> Wir werden alles tun, damit der Deutsche Fernsehfunk seiner Rolle als eines der massenwirksamsten Publikationsmittel unseres Arbeiter- und-Bauern-Staates gerecht wird. Über Millionen Bildschirme in Deutschland kämpfen wir für das Schönste, den Sozialismus, und für den Frieden, und gegen das Abscheulichste, gegen den Bonner Militarismus und gegen den Krieg. (Adameck zit. in Hoff 1991, 110)

---

[47] Eine Ausnahme war zum Beispiel Konrad Wolfs ICH WAR NEUNZEHN (DDR 1968).
[48] Das Fernsehzentrum Berlin wurde 1956 in Deutscher Fernsehfunk umbenannt (vgl. Hoff 1991, 106).

Er wies damit dem Fernsehen deutlich den Weg. Die wirkliche Auseinandersetzung mit der sozialen Gegenwart und den inneren Widersprüchen der DDR war nicht zugelassen. Im Gegensatz zur DEFA, die auch international das Kulturschaffen der DDR repräsentieren sollte und dadurch immer wieder gewisse Freiheiten genoss, wandelte das Fernsehen als Propagandainstrument in eng gezogenen Bahnen. Aufgrund der klaren Frontziehung hatte die internationale Kafka-Konferenz von 1963 in Liblice, die sich mit der Entfremdung im Zusammenhang mit der sozialistischen Gegenwart auseinandersetzte und die dem allgemeinen Kulturbetrieb der Ostblockstaaten weitreichende Impulse gab (vgl. Mittenzwei 1991, 84 ff.), keinen signifikanten Einfluss auf das Fernsehen in der DDR.[49] Die Fernseharbeit wurde weiter politisch zur Massenpropaganda funktionalisiert. Oder, wie es Wolfgang Gersch formuliert, der Deutsche Fernsehfunk war „das wichtigste, somit stupideste und verlogenste Propaganda-Instrument der SED" (Gersch 2004, 384 f.). Die Staatspartei hatte die Bedeutung des Fernsehens als Massenmedium erkannt (vgl. Wrage 2008, 260 f.) und seine Funktionsbestimmung klar festgelegt:

> [D]as Fernsehen war zum Instrument der politisch-ökonomischen und weltanschaulichen Agitation der Partei erklärt. Zumindest die Großproduktionen der Fernsehdramatik in der DDR, mehr und mehr aber auch alle anderen fernsehdramatischen Sendungen, wurden künftig weniger nach ihrem ästhetischen, sondern vor allem nach ihrem agitatorisch-propagandistischen Gebrauchswert für die ideologische Massenarbeit der Partei bewertet. (Hoff 1991, 112 f.)

Peter Hoff hebt an dieser Stelle die mit großem Aufwand gedrehten Fernsehfilme hervor. Sie standen unter strenger Kontrolle, und den Regisseuren der Prestigeproduktionen waren wenige Freiheiten gewährt. Der Medienwissenschaftler Henning Wrage sieht in der Konkurrenz aus dem Westen *einen* Grund für die starke Kontrolle des

---

[49] Die Delegation der DDR nahm während der Veranstaltung eine defensive Position ein und wollte Kafka stärker in seinem historischen Kontext interpretieren, anstatt die Entfremdung auf die Gegenwart in den kommunistischen Staaten zu übertragen (vgl. Mittenzwei 1991, 84 ff.). Die SED stand der Konferenz ablehnend gegenüber. Ihr Einfluss auf den Kulturbetrieb der DDR wurde schließlich durch das 11. Plenum unterdrückt.

Fernsehens (vgl. Wrage 2008, 261 ff.). Der Deutsche Fernsehfunk stand im Wettbewerb zu den Sendern der Bundesrepublik. Eine Situation, die sich noch verschärfte, als 1963 das Zweite Deutsche Fernsehen (ZDF) aufgeschaltet wurde. Neben der Diffamierung des Westfernsehens[50] sah man sich in inhaltlicher und dramaturgischer Hinsicht aber auch zu gewissen Konzessionen gezwungen:

> Auch hier galt, dass, wer das propagandistische Versprechen des Fernsehens einlösen wollte, das Publikum zunächst erreichen musste. Es entwickelte sich ein Wechselspiel zwischen den Ansprüchen des Fernsehpublikums, dessen Erwartungen gerade auch durch westliche Unterhaltungsformate geprägt waren, und dem Anspruch der Macher (und der Partei) das Publikum ideologisch zu beeinflussen. (ebd., 263)

In diesem Bedingungsgefüge scheint sich nun auch Wolfgang Luderers EFFI BRIEST und seine Karriere zu verorten. Der große Aufwand und die Bezugnahme auf einen Klassiker der deutschen Literatur erinnern an vergleichbare bundesdeutsche Produktionen wie Alfred Weidenmanns Adaption BUDDENBROOKS (BRD 1959) nach Thomas Manns Vorlage. Luderer traf damit den Geschmack des Fernsehpublikums und gab dem Ministerium für Kultur die Möglichkeit, mit der Kinoauswertung einen (an den Zuschauerzahlen gemessenen) Erfolg zu feiern – zu einer Zeit, als die DEFA nach dem 11. Plenum noch ihre Wunden leckte.

Neben der augenscheinlichen Massentauglichkeit spricht der anfangs zitierte Zulassungsentscheid den Aspekt der Propaganda an, wenn er Luderers Film für eine neue Interpretation Fontanes lobt, die „der Rezeption dieses bekannten Romanciers durch unser Publikum eine neue Basis schafft" (Zulassungsentscheid des Ministeriums für Kultur (9.6.1970) zit. in Beutelschmidt 2009, 319). Man kann annehmen, dass sich der Verweis auf eine neuartige Auslegung der Vorlage nicht zuletzt auf die Adaptionen von Gustaf Gründgens und Rudolf Jugert

---

[50] Die SED reagierte mitunter hilflos auf die Konkurrenz aus dem Westen. So wurde 1961 die Aktion *Ochsenkopf* durchgeführt, in der Mitglieder der Freien Deutschen Jugend Fernsehantennen, die nach Westen gerichtet waren, umkehrten oder gar absägten. Entdeckten Westsehern klebte man die Aufschrift „Lieber Bürger, sei kein Tropf, schau nicht auf den Ochsenkopf" an die Haustüre (Wrage 2008, 261 f.).

bezieht. Während die vorhergehenden Verfilmungen stärker die Gefühlswelt der Protagonistin ins Zentrum stellten, rückt in der ostdeutschen Version die kritische Zeichnung des Gesellschaftsbildes in den Fokus. Der Individualismus in den Figuren Marianne Hoppes und Ruth Leuweriks, die Opfer der übermächtigen gesellschaftlichen Zwänge werden, weicht der Kritik an blindem Gehorsam und am allgegenwärtigen Karrieredenken, womit der Film ein harsches Licht auf das Preußen des späten 19. Jahrhunderts wirft: Draußen tollt Effi (Angelica Domröse) mit ihren Freundinnen herum, während ihr zukünftiger Ehemann (Horst Schulze) in der Kutsche vorfährt und von ihrem Vater (Gerhard Bienert) empfangen wird. Als sich die beiden im Wohnzimmer hinsetzen, ist das Gekicher der Spielgruppe deutlich zu hören. Der Baron wendet sich zum Fenster und sieht die durch den Garten rennende Effi. Die beiden Männer werfen sich verschmitzt lächelnd einen gutmütigen Blick zu. Besorgt ruft die Mutter (Inge Keller) ihr Kind herein: „Effi, der Baron ist längst da und du bist noch in deinem Kittel. Nie hältst du Zeit!" „Warum kommt er auch so früh? Kavaliere kommen nie zu spät, aber noch weniger zu früh", erwidert sie mit einem Kichern. Effi will bereits die Treppe hochrennen, um sich umzuziehen, als sie zurückgehalten wird. Vor dem großen Spiegel rückt sie ihr Kleid zurecht, die Mutter zieht ihre Tochter an sich heran und blickt ihr tief in die Augen: „Ich muss dir nämlich sagen, meine süße Effi ... Ich muss dir nämlich sagen, dass ..." „Aber Mama, was hast du denn?", fragt das Kind verwundert. „Ich muss dir nämlich sagen, dass Baron von Innstetten soeben um deine Hand angehalten hat." Ein Lachen bricht aus Effi heraus. Langsam fährt die Kamera auf ihr Gesicht zu. Die Augen wandern durchs Leere, während Mama die Bedeutung ihrer Worte zu erklären versucht.

Gleich zu Beginn wird die Protagonistin als kindliche und noch naive Figur gezeichnet, die sich ahnungslos in ihre Ehe mit Baron von Innstetten begibt. Der verträumte Blick in ROSEN IM HERBST (Rudolf Jugert, D 1955) wird durch das unbedarfte Lachen und die herumwandernden Augen ersetzt. Dies verdeutlicht, dass Effi die Tragweite der Neuigkeit nicht fassen kann. Infantil schaut sie in den Spiegel, unfähig, ihre Situation zu reflektieren. Im Kontrast dazu steht der väterliche

Blick Innstettens auf die spielende Effi, der die Kindlichkeit der Hauptfigur in die gemeinsame Beziehung weiterträgt. Die wiederholten Zurufe der Freundinnen („Effi, komm"), welche mitunter keinem konkreten Gesicht zugeordnet werden können, wirken hier bereits wie ein Echo auf das Ende ihrer Kindheit. Die junge Hauptfigur wird in eine Erwachsenenwelt geworfen, deren feststehenden Werte bereits am Anfang auf sie einwirken. Wenn Effi zu lachen beginnt, antwortet die Mutter getreu der literarischen Vorlage: „Wenn du nicht nein sagst, was ich mir von meiner klugen Effi kaum denken kann, so stehst du mit zwanzig Jahren da, wo andere mit vierzig stehen." (Fontane 2011, 18) Ein Satz, der wirkt. Auf die Frage einer der Freundinnen, ob Innstetten der Richtige sei, antwortet Effi entsprechend der Konvention: „Jeder ist der Richtige, wenn er von Adel ist und eine gute Stellung hat." An dieser Stelle setzt das Drehbuch von Wolfgang Luderer einen subtilen Akzent gegenüber Fontanes Dialog, der heißt: „Gewiss ist er der Richtige. Das verstehst du nicht, Hertha. Jeder ist der Richtige. Natürlich muss er von Adel sein und eine Stellung haben und gut aussehen." (Fontane 2011, 20) Das dominante und am Ende zerstörerische Karriere- und Hierarchiedenken erhält in dieser Verfilmung schon hier stärkeres Gewicht. Ein Denken, das dezidiert mit den gesellschaftlichen Verhältnissen seiner Zeit verknüpft wird: Bei der im Roman unerwähnten Hochzeit verschiebt sich die Kamera kurz vom

Effis Übertritt in die Erwachsenenwelt in EFFI BRIEST.

tanzenden Ehepaar zu zwei älteren Herren. Der eine spricht: „Erstaunlich, erstaunlich. Wie reich gesät sind doch die Talente in unserem Staat", worauf der andere beipflichtet: „Ein Triumph unserer

Schule." – „Mehr noch unserer Philosophie." Anstatt das augenscheinliche Glück des neu vermählten Paares in den Vordergrund zu stellen, verdeutlichen die Kommentare, wie die Ehe zum erwünschten Statuszeichen für Innstetten wird. Sein Ehrgeiz legt sich damit als vorausahnender Schatten auf das lächelnde Gesicht seiner Frau. Die Sequenz schließt mit Effis treuherzigem Blick in die Kamera, welche dabei die Bewegung ihres Tanzes aufnimmt. Ein harter Schnitt zeigt den Bruch an und wechselt zur Ankunft des Ehepaares in Kessin.

Hier stellt sich nun Innstettens Karrieredenken *zwischen* die beiden: Soeben hatten sie den letzten Antrittsbesuch beim Kessiner Adel. Effi ist gelangweilt von der Gesellschaft hier. Um seine Reputation besorgt, fragt Innstetten: „Liebe Effi, willst du dich einleben hier in Kessin?" Sie nimmt seine Frage nicht ernst und verlangt einen Kuss als Belohnung, bevor sie antwortet. Zögerlich beugt er sich hinunter und berührt flüchtig ihren Mund. Effi hat die Lippen noch geschlossen, als Innstetten bereits den Kopf hebt. Zärtlich und mit traurigem Blick schmiegt sie sich an seine Hand, die flüchtig über ihre Wange streichelt. Er versucht es erneut: „Nochmals, liebste Effi, wie wird es werden hier in Kessin? Wirst du populär werden und mir die Majorität sichern, wenn ich in den Reichstag will? Oder bist du für Einsiedlertum, für Abschluss von der Kessiner Menschheit?" Effi antwortet: „Bei meiner Ehre, Herr Baron, mit Gieshübler steh und falle ich." Der Baron muss darüber lachen und stimmt Effi zu.

Der Wunsch nach einem Kuss macht die fehlende Romantik und die distanzierte Beziehung des jungen Ehepaars deutlich. Effi wird schmerzlich bewusst, dass Innstetten statt Nähe väterliche Distanz übt. Sein Ziel ist der Reichstag. Das dominante, in seiner Klasse allgemein goutierte Karrieredenken tritt klar hervor. Erneut ändert das Drehbuch Details gegenüber der Vorlage (vgl. Fontane 2011, 67 f.). Das Verlangen nach einem Kuss ist bei Fontane in einem vorwurfsvollen Satz Effis eingepackt, worauf Innstettens lieblose Reaktion ausbleiben muss. Ebenfalls werden die Visiten im Buch nur kurz zusammengefasst. Luderer zeigt sie als eine ermüdende Aneinanderreihung, auf die Effi mit zunehmender Ablehnung der als öde erlebten Gesellschaft reagiert. Wo im Roman eine gewisse Ambivalenz verbleibt, wird der Film deutlicher. Er stellt Innstettens Ehrgeiz aus. Dieser wird noch dadurch verstärkt, dass die Sequenz nicht wie in der Vorlage mit der lachenden Zustimmung des Barons endet. Im weiteren Verlauf spricht Innstetten an, dass er aufgrund des Besuches von Fürst Bismarck Effi öfters alleine lassen müsse. Auf seine Frage, ob sie damit umgehen könne, erwidert sie: „Aber du weißt es doch, Geert, eigentlich habe ich nur geheiratet aus Ehrgeiz, und schließlich ist der Fürst der Mann, der über uns entscheidet. Auch über mich." Zufrieden mit ihrer Reaktion, die auf das Unbehagen der Filmzuschauer zielt, sagt er: „Bravo, dass du es so nimmst." und vertieft sich in seine Zeitung. Effi wendet sich ab, setzt sich ans Klavier und spielt trotzig Richard Wagners Hochzeitsmarsch. Ihre Augen blicken in die Leere, die Kamera fährt langsam auf ihr Gesicht zu. Eine Überblendung etabliert den Übergang in ihre Erinnerung an die Hochzeit. Innstetten und Effi tanzen, überschwänglich sagt sie zu ihm „Ich bin für Reichtum und vornehmes Haus. Für Glanz und Ehre und für Zerstreuung." Die Festmusik weicht bedrohlichen Klängen und Bildern: das ausgestopfte Krokodil sowie die wehenden Vorhänge sind zu sehen.

Wie in der Sequenz deutlich wird, ist auch bei Luderer Effis innere Gefühlswelt keineswegs inexistent. Sie steht aber weniger im Zentrum als bei Gründgens oder Jugert, wo die Emotionen der Hauptfigur in den flüchtigen Momenten in der Natur eine Eigenständigkeit erhalten und einen scharfen Kontrast zum gezeichneten Gesellschaftsbild formen. Hier steht das dominante Karrieredenken als Pars pro Toto einer entfremdeten Gesellschaft im Fokus, dessen Leere Effi nun erkennt. Die Angst vor dem Haus stellt dabei ihre Entfremdung von Innstetten dar. Der jungen Protagonistin wird das kalte Hierarchiedenken schmerzhaft bewusst. Trotz und Leiden treiben sie in die Arme Crampas' (Dietrich Körner). Die aufkommenden Gefühle werden erneut in Verbindung zum preußischen Gesellschaftsbild gesetzt. Am prägnantesten wird die Beziehung in der Theateraufführung von Ernst Wicherts populärem Stück *Ein Schritt vom Wege* thematisiert. Das Lustspiel, welches für Gründgens Film titelgebend war, in der eigentlichen Handlung aber durch Heinrich von Kleists *Das Käthchen von Heilbronn* ersetzt wurde, gerät hier in den Vordergrund, um auf der Bühne die im Raum stehenden Emotionen zwischen Effi und Crampas auszuhandeln.[51] Die reale Natur bei Gründgens und Jugert weicht dem Theater. Im Dialog der von Crampas und Effi gespielten Hauptfiguren spiegelt sich ihre Beziehung im gesellschaftlichen Kontext: Aus der Distanz filmt die Kamera die Bühne, deren gemalte Kulisse eine Berglandschaft darstellt. Das Publikum sitzt zahlreich im Saal, während es vorne zum dramatischen Finale kommt. In der Rolle der Ella bewegt sich Effi an den Rand der Bühne und spricht in den großen Saal: „Aus dem Regelrechten ins Ungewöhnliche. Aus dem Verkünstelten in die Freiheit der Natur. Vom Konventionellen ins Abenteuerliche. Wie soll ich es nennen? Haben Sie einmal etwas empfunden von jener leidenschaftlich, wehmütigen Sehnsucht in die blaue Ferne? Was Sie hätte aus dem Wagen springen und all ihren lästigen Besitz fortwerfen und weglos fortstürmen mögen ins Ungewisse hinein." Crampas als Egon wendet sich mit einem Lächeln ans Publikum: „Sie ist reizender denn je." Ella fährt fort: „Eine Frau freilich soll dergleichen Sturm- und Drang-Gedanken nicht ins sich aufkommen lassen. Sie rächen sich an ihr selbst. Aber wenn man jung ist und in der Pension klösterlich erzogen und plötzlich in die große weite Welt hinausgeführt und doch wieder in die Schranken gebannt, die nun erst recht unleidlich scheinen ..." – kurzer Wechsel von der Bühne in den Zuschauerraum: Baron von Innstetten sowie Crampas' Ehefrau betrachten das Geschehen mit skeptischem Blick – „Ich will nicht entschuldigen, aber erklären lässt

Auf der Bühne wird dem Schritt vom Wege widerstanden in EFFI BRIEST.

---

51 Hierfür ändert Luderer, wie bereits Gründgens, die Rollenverteilung ab und lässt Crampas neben Effi die Hauptfigur im Stück spielen. Bei Fontane beschränkt sich Crampas auf die Regie.

sich's doch, wenn so eine blaue Sehnsucht auch einmal übermächtig wird und in die Tat umgesetzt sein will, was auch daraus folge." Die Kamera sucht nun die Nähe der beiden Schauspieler, romantische Musik setzt ein. Egon schaut Ella tief in die Augen: „Wenn Sie ahnten, wie Sie in meiner Verehrung wachsen durch das Bekenntnis, dass Sie in sich die Stimme der Natur stärker fühlen als die gesellschaftlichen Regeln, die das Weib zur Sklavin jämmerlicher Rücksichten macht." Effi schaut Crampas mit ehrlichem Erstaunen an. Er fährt fort: „Warum sollte das Weib nicht frei seinen Neigungen folgen wie der Mann? Dieser Trieb ins Weite, ins Ferne, ins Regellose, in die Freiheit. Er befreit uns vom Druck der Alltäglichkeit, führt uns an die Tafel des Genusses." Beinahe von der Schwäche übermannt, protestiert sie: „Oh, schweigen Sie, Sie zeigen mir nur, wie weit ich mich schon verirrte." – die Musik verstummt und die Kamera nimmt wieder die distanzierte Anfangsposition ein – „Nein, nichts weiter. Sie überschätzen meinen Mut und meine Kraft." Egon kniet auf den Boden: „Ich liebe sie." Während Ella der Versuchung standhält und in die Ferne schaut, brandet großer Applaus durchs Theater.

Erneut baut Luderers Drehbuch einen Moment aus, der im Roman nur kurz erwähnt wird (vgl. Fontane 2011, 144). Ernst Wicherts Theaterstück ist im Buch ein intertextueller Kommentar, die Aufführung selbst wird nicht beschrieben. Wie bereits im Kapitel zu DER SCHRITT VOM WEGE (Gustaf Gründgens, D 1939) erwähnt, erzählt das Lustspiel ebenfalls von der Verführung einer Ehefrau. Wie das Ende der Sequenz andeutet, widersteht Ella der Versuchung und beweist damit augenscheinlich moralische Standhaftigkeit.[52] Wichert war bekannt dafür, in seinen Bühnenstücken die Werte des wilhelminischen Bürgertums und den Glauben an die Zukunft des Bismarck'schen Reiches zu bestätigen. Wolfgang Luderer nimmt den Kommentar Fontanes auf, arbeitet den in der Literaturvorlage impliziten Bezug zur Affäre explizit heraus und erweitert ihn. Trotz der ausgestellten Künstlichkeit der Bergkulisse und des plakativen Dialogs brechen die wahren

---

[52] Luderer fasst hier Dialoge Ernst Wicherts aus dem achten Auftritt des vierten Aufzugs zusammen (vgl. Wichert 1872). Einzig der gegenüber der Vorlage abgeänderte Schluss, mit Egons Kniefall und Ellas Standfestigkeit, nimmt das Ende des Stücks andeutungsweise vorweg.

Gefühle zwischen Effi und Crampas an die Oberfläche. Signalisiert durch die Nahaufnahme von Effis weit aufgerissenen Augen und begleitet durch extradiegetische, vom diegetischen Publikum nicht zu hörende Musik. Der begeisterte Saal aber stimmt der auf der Bühne dargestellten Moral zu. Es sieht sich augenscheinlich in seinem Weltbild bestätigt. Auch Innstettens kurzzeitige Skepsis verschwindet mit der euphorischen Zustimmung der Zuschauer. Der Erfolg seiner Frau fällt ebenfalls auf ihn zurück. Die propagierte Enthaltsamkeit wird kurz darauf Lügen gestraft. Auf dem Heimweg sind Crampas und Effi alleine in der Kutsche. Fern von der Bühne kommt es zu einem leidenschaftlichen Kuss. Luderer stellt die Affäre sprichwörtlich ins Scheinwerferlicht und zeigt die Blindheit einer sich selbst applaudierenden Gesellschaft.

Indem er Effis Schicksal verstärkt im Spiegel seiner Zeit reflektiert, formuliert der Film deutliche Gesellschaftskritik und entfernt sich damit von dem Fokus früherer Adaptionen, die Protagonisten als Opfer ihrer eigenen Wunschvorstellungen zu zeigen. Die Individualität der Hauptfigur weicht verstärkt der scharfen Zeichnung eines (dem Geschichtsbild in der DDR folgenden) Preußens am Ende des 19. Jahrhunderts. Wiederholt wird der Stolz auf die eigenen Werte und Traditionen als anachronistischer Patriotismus ausgestellt. So zu Beginn, oder auch nach dem Theater, wenn beim gemeinsamen Abendessen die älteren Herren unvermittelt „Ich bin ein Preuße, kennt ihr meine Farben …" anstimmen. Weitere Momente stellen das klassenhierarchie- und traditionsbestimmte Handeln aus. Zu Beginn des Films sieht man Innstettens Weg zur Arbeit. Seine Schritte durch Kessin zum Landratsamt sind geprägt von respektvollen „Guten Morgen, Herr Landrat" und devoten Verneigungen. Akzentuiert durch bedeutungsschwere Musik endet die Sequenz mit einer langen Einstellung vom Schild des Amtsgebäudes. Die hohe Stellung des Barons wird übertrieben verdeutlicht. Auch die Diskussion um das Duell wird mit Strenge geführt. Blind scheint Innstetten die Konventionen zu akzeptieren, wenn er mit Bestimmtheit auf die Gesellschaft hinweist und deutlich macht, dass er keine Wahl habe. Sein Kollege Wüllersdorf (Adolf Peter Hoffmann) stimmt ihm zögerlich zu: „Unser Ehrenkultus ist ein Götzendienst. Wir müssen uns ihm unterwerfen, solange der Götze gilt." Der Originaldialog Fontanes (vgl. Fontane 2011, 234 ff.) erhält hier durch das die Emotionen zurückhaltende Spiel Innstettens und Wüllersdorfs zusätzliche Schärfe. Erst am Ende sehen Innstetten, aber auch Effis Eltern ihren Fehler ein und üben Reue. Da ist die Tochter bereits nach Hohen-Cremmen zurückgekehrt und stirbt an schwachem Herzen. Auch Effi wird nicht als starke Person gezeichnet. Sie erkennt zwar früh die falschen Wertevorstellungen der Gesellschaft, vermag sich aber nicht entschieden dagegen zu wehren. Luderers Figuren werden die eigenen Fehler bewusst. Der Film kritisiert zwar in erster Linie ein übermächtiges System, öffnet aber auch den allfälligen Weg, die falschen Werte, auf denen das System fußt, zu erkennen und hinter sich zu lassen. In diesem Licht erhält die zeitgebundene Kritik an Preußen und der damaligen Gesellschaft eine Tendenz, die in die Entstehungszeit des Films reicht. Im Kontext der DDR war eine Abgrenzung zu Preußen, auf dessen Tradition sich wiederholt die Nationalsozialisten beriefen, populär. Die Abgrenzung wurde dabei auch gerne als Überwindung dargestellt, als erfolgreiche Abkehr von einem überholten Denken durch den Sozialismus, immer auch in Kontrast zum in der Vergangenheit falsch beschrittenen Weg. Dies spiegelt sich indirekt in EFFI BRIEST, aber zum Beispiel auch bereits in Wolfgang Staudtes DER UNTERTAN (DDR 1951), der „Heinrich Manns gegen den wilhelminischen Zeitgeist gerichtete Satire zum Sinnbild des nationalistischen Untertanen verkürzte" (Gersch 2004, 366). Im „zeitkritischen Akzent" von Wolfgang Luderers Film, wie es in der Zulassungsbestimmung heißt, offenbart sich das Propagandaelement des Films, das das Ministerium für Kultur lobte und das dem Publikum der DDR eine neue Basis für die Rezeption des klassischen Stoffes schaffen sollte (vgl. Zulassungsentscheid des Ministeriums für Kultur (9.6.1970) zit. in Beutelschmidt 2009, 319). Im spannenden Kontrast zu Luderers Effi-Adaption steht DIE LEGENDE VON PAUL UND PAULA, der 1973 den erneuten Aufschwung der DEFA einleitete. Wolfgang Gersch sieht den Erfolg von Heiner Carows Film nicht zuletzt in der Erfüllung eines Genres begründet: „[D]es Melodrams. Von Genres hatte die

DEFA [...] wenig verstanden. 1.8 Millionen Besucher binnen eines Jahres zeigen, dass vor allem die Freiheit, die sich Paula für sich selber nimmt, die Freiheitssehnsucht der geschlossenen Gesellschaft war." (ebd., 388) In EFFI BRIEST wird diese Sehnsucht im Blick in die Vergangenheit abgeschwächt.

## 7. 1974: Fontane – Effi Briest

In schwarzer Schrift auf weißem Hintergrund erscheint der Titel des Films: Fontane – Effi Briest oder Viele, die eine Ahnung haben von ihren Möglichkeiten und ihren Bedürfnissen und trotzdem das herrschende System in ihrem Kopf akzeptieren durch ihre Taten und es somit festigen und durchaus bestätigen. Abgelöst durch die Nennung der Schauspieler und ihrer Rollen. Am Ende steht: „Ein Film von Rainer Werner Fassbinder". Die weiße Leinwand weicht dem mit statischer Kamera aufgenommenen Anblick von Effis Elternhaus. Ein kräftiger Baum und seine Blätterkrone rahmen das Bild. Während im Hintergrund lautes Vogelgezwitscher zu hören ist, liest der Regisseur als Erzähler aus dem Off den ersten Satz des Romans: „In Front des schon seit Kurfürst Georg Wilhelm von der Familie Briest bewohnten Herrenhauses zu Hohen-Cremmen fiel heller Sonnenschein auf die mittagsstille Dorfstraße, während nach der Park- und Gartenseite hin ein rechtwinklig angebauter Seitenflügel einen breiten Schatten erst auf einen weiß und grün quadrierten Fliesengang und dann über diesen hinaus auf ein großes, in seiner Mitte mit einer Sonnenuhr und an seinem Rande mit Canna indica und Rhabarberstauden besetztes Rondell warf." (Fontane 2011, 7) Eine Weißblende begleitet den Wechsel auf die Rückseite des Hauses. Liebevoll betrachtet die Mutter (Lilo Pempeit) ihre Tochter, die im Vordergrund schaukelnd sich wiederholt dem statischen Blick der Kamera entzieht, und spricht zu ihr: „Effi, eigentlich hättest du doch wohl Kunstreiterin werden müssen, immer am Trapez, immer Tochter der Luft." Auf die Frage, ob sie eine Dame werden möchte, antwortet Effi (Hanna Schygulla) mit einem doppelten Nein und springt von der Schaukel in die Arme der Mutter. Die Kamera bewegt sich langsam um den Pfosten des Spielgeräts und fängt das sich umarmende Mutter-Tochter-Gespann ein. Das Bild wird erneut Weiß und ein Zwischentitel bemerkt: „Eine Geschichte mit Entsagung ist nie schlimm." In der übernächsten Einstellung sind Effi und ihre Mutter wieder engumschlungen im Innern des Hauses zu sehen. Indirekt, durch einen Spiegel, wird der Blick auf die beiden gerichtet,

Der verfremdete Blick auf den Beginn des Romans in FONTANE – EFFI BRIEST.

die in ihrer Pose erstarrt sind. Klein, in der Tiefe des Bildes verschwinden sie beinahe hinter der dominanten Ausstattung. Als Voice-over sind die vorhergehenden Geschehnisse, wie sie im Roman beschrieben werden, zu hören: „Frau von Briest aber, die unter Umständen auch unkonventionell sein konnte, hielt plötzlich die schon forteilende Effi zurück, warf einen Blick auf das jugendlich reizende Geschöpf, das, noch erhitzt von der Aufregung des Spiels, wie ein Bild frischesten Lebens vor ihr stand, und sagte beinahe vertraulich ..." – dabei treten Herr von Briest (Herbert Steinmetz) und der Baron von Innstetten (Wolfgang Schenk) ein, der seinen Blick auf Effi richtet – „‚Es ist am Ende das Beste, du bleibst, wie du bist. Ja, bleibe so. Du siehst gerade sehr gut aus. Und wenn es auch nicht wäre, du siehst so unvorbereitet aus, so gar nicht zurechtgemacht, und darauf kommt es in diesem Augenblicke an. Ich muss dir nämlich sagen, meine süße Effi...', und sie nahm ihres Kindes beide Hände, ‚ich muss dir nämlich sagen ...'", – Effi steigt stumm die Treppe hinunter und geht auf Innstetten zu; während der Erzähler weiterspricht – „‚Aber Mama, was hast du nur? Mir wird ja ganz angst und bange' ‚Ich muss dir nämlich sagen, Effi, dass Baron Innstetten eben um deine Hand angehalten hat', ‚Um meine Hand angehalten? Und im ernst?'" – Schnitt, die Kamera blickt über Effis linke Schulter auf Innstetten. Ihr Kopf verdeckt seine linke Gesichtshälfte. – „‚Es ist keine Sache, um einen Scherz daraus zu machen. Du hast ihn vorgestern gesehen, und ich glaube, er hat dir auch gut gefallen. Er ist freilich älter als du, was alles in allem ein Glück ist, dazu ein Mann von Charakter, von Stellung und guten Sitten, und wenn du

Raum und Zeit fragmentiert in Fontane - Effi Briest.

nicht nein sagst, was ich mir von meiner klugen Effi kaum denken kann, so stehst du mit zwanzig Jahren da, wo andere mit vierzig stehen. Du wirst deine Mama weit überholen.'" Während der nachgesprochenen Worte der Mutter verharren die Figuren in ihrer Position. Die Kamera wechselt dazwischen ihren Platz. Das zukünftige Ehepaar steht sich nun gegenüber. Der Vater weist ihnen den Weg ins Esszimmer. Gemessenen Schrittes bewegt sich die Gruppe in den angrenzenden Raum. Ein Blick aus dem Fenster zeigt Effis Freundinnen, die sich hinter den Büschen verstecken. „Effi, komm!", ruft es von draußen. Langsam fährt die Kamera auf Innstetten zu, der im Türrahmen stehen bleibt und mit strengem Gesicht in Richtung der Störung schaut. Zum Abschluss taucht die Leinwand erneut in blendendes Weiß.
Die harte Montage, unterstützt von den Überblendungen, teilt die Einstellungen in Fragmente. Bruchstücke, die in verfremdeter Form Handlungselemente wiedergeben, wie sie bereits bei Gründgens, Jugert und Luderer zu sehen waren. Dort dienen sie zu Beginn der Psychologisierung der Protagonistin, laden zur Identifikation mit der Hauptfigur ein. Der Konflikt zwischen Effi und Baron von Innstetten wird etabliert. Bei Fassbinder ist das nur noch ein fernes Echo. Effi Briest sei Fontanes spannendster Roman, bei dem es nicht mehr nötig sei, alleine die Story zu erzählen, man könne was anfangen mit dem, was auf dem Papier stehe, meinte der Regisseur (vgl. Fassbinder zit. in Brocher 1972, 244). Mit formaler Strenge zielt der Film auf eine Distanzierung der Zuschauer, die vom „simplen Eine-Geschichte-Erzählen" weggeführt (vgl. ebd.). Die statische, frontale Kamera schließt die Figuren in den gerahmten Cadragen seiner schwarz-weißen Bilder

ein. Flüchtig, vergeblich bricht die schaukelnde Effi aus der einengenden Rahmung aus, um zwangsläufig im nächsten Moment ins Bild zurückzukehren. Gegenstände versperren den freien Blick auf die Figuren, oder das Geschehen ist nur indirekt, über einen Spiegel, zu sehen. „Es ist der Versuch, einen Film ganz klar für den Kopf zu machen, also einen Film, in dem man nicht aufhört zu denken, sondern anfängt zu denken", sagte Fassbinder während der Vorbereitung zum Film (Fassbinder zit. in Berling 1995, 206). Der restriktive Einsatz von Montage und Kamera wird dabei durch das distanzierte Schauspiel verstärkt. Um den Kopf des Zuschauers anzusprechen, soll er sich nicht mit den Figuren identifizieren. Hierfür knüpft Fassbinder an Strategien an, die auf Bertolt Brechts Schauspieltheorie verweisen. Apathisch bricht aus Effi das doppelte Nein heraus. Wenn sich Mutter und Tochter in die Arme fallen, scheinen sich leere Hüllen zu umschlingen und zu erstarren. Die Realismuskonventionen eines psychologischen Schauspiels werden verabschiedet. Der Filmwissenschaftler Hermann Kappelhoff formuliert es wie folgt:

> Da werden Gesten wie Masken vor sich hergetragen, und Figuren verbinden sich zu Tableaux vivants, die den Fluss der Handlung in eine Serie von Strukturbildern sozialer Konstellationen zerlegen; da werden Sätze gesprochen, als gehörten sie einer unbekannten Sprache an, und Handlungen von größter Grausamkeit werden mit der Mimik gelassenen Gleichmuts kontrastiert. Wo immer die Konvention Synchronität, Entsprechung und Einheitlichkeit verlangt, werden die Abläufe asynchron, kontrapunktisch und diskontinuierlich organisiert. (Kappelhoff 2010, 257)

Im Sinne Brechts wird jede Gefühligkeit, jedes verkürzte Einfühlen in die Figuren vermieden (vgl. Brecht 1967, S. 659 ff.). Die Schauspieler verweigern den Figuren ihren Körper, ihre Stimme. Sie leihen ihnen ihre physische Präsenz nicht (vgl. Kappelhoff 2010, 262). Die Darstellung selbst tritt in den Vordergrund. Im Zusammenspiel der filmischen Parameter entsteht die Verfremdung, welche den Film als Konstrukt ausstellt. Ein Gebilde, das den Blick auf die Strukturen innerhalb des Bildes lenkt.

Fassbinder spielt hierfür mit den Stereotypen des Melodramas, radikalisiert sie. Das zeigt sich bereits in der Darstellung der Tableaux vivants, die auf den Theaterursprung des Melodramas verweisen (vgl. Kappelhoff 2008, 23). Die inneren Seelenwelten sind den Figuren entrissen. In der Umarmung zwischen Mutter und Tochter oder in den Dialogen sind sie aber als Schatten ohne Körper vorhanden. Hier spürt Fassbinder Sirk nach – oder er geht vielmehr mit ihm gemeinsam den Weg zurück zu seinen Theaterwurzeln.[53] Wie im dritten Kapitel vorgestellt, umarmt Sirk in seinen Melodramen der 1950er-Jahre die Regeln des Genres, intensiviert seine Elemente und stellt sie damit aus (vgl. Willemen 1971, 65). Die dadurch evozierte Distanz lässt den Zuschauer an der Wahrheit des Gezeigten zweifeln (vgl. Camper 1971, 46). So verfremdet er das psychologische Schauspiel und Elemente der Mise-en-scène, ohne mit den Regeln des Hollywood-Kinos zu brechen. In der Verwendung des Spiegels und der einengenden Bildkomposition, aber vor allem im Spiel der Darsteller nimmt Fassbinder die Inszenierungselemente auf, stellt sie aber in ihrer Fragmentierung als Konstrukt aus. Fassbinder verfremdet nicht auf gleiche Weise wie Sirk, er verwendet vielmehr seinen Stil zur Distanzierung. Es findet eine Fokusverlagerung statt. Fern vom psychologischen Spiel als Ausdruck innerer Gefühle bleiben isolierte soziale Verhaltensweisen. „Das Feld sozialer Beziehungen wird auf diese Weise unmittelbar zum dramatischen Gegenstand." (Kappelhoff 2010, 258) In der eingeengten Bildwelt von FONTANE – EFFI BRIEST wird die Gefangenschaft der Figuren in den gesellschaftlichen Mechanismen deutlich. Nicht mehr die Psychologie der Figuren, sondern die sozialen Strukturen stehen im Vordergrund. Hier wird der Bruch zu Rudolf Jugerts ROSEN IM HERBST (BRD 1955) deutlich, der sich ansatzweise an die Erzählform von Sirks Melodramen anlehnt. Fassbinder distanziert sich bewusst von den Vorgängerfilmen, wollte nicht in den ewigen roten und blauen Ko-

---

[53] Im Winter 1970/1971 traf Fassbinder Sirk, von dessen Melodramen der 1950er-Jahre er tief beeindruckt war und die einen großen Einfluss auf Fassbinder hatten, in Ascona (vgl. Wiegand 1974, 287).

dak-Farben drehen (vgl. Fassbinder zit. in Thomsen 1974, 301). In seiner Distanzierung möchte der Regisseur ein Gesellschaftsbild zeichnen, dass er mit einer Haltung in Verbindung bringt:

> *Effi Briest* handelt meiner Meinung nach von Fontanes Haltung zur Gesellschaft, und das wird während des ganzen Films so ausgedrückt, dass zwischen dem Zuschauer und dem, was auf der Leinwand vor sich geht, eine wahnsinnige Distanz besteht. Zwischen dem Zuschauer und dem, was sich auf der Leinwand abspielt, stehen Fontane oder sogar ich als Regisseur. Dadurch soll der Zuschauer die Möglichkeit haben, sich seiner Haltung der Gesellschaft gegenüber bewusst zu werden. (ebd., 302)

Als Erzähler aus dem Off liest Rainer Werner Fassbinder Passagen aus Fontanes Roman. Das ausführliche Zitieren implementiert das Buch in den Film. Zwischentitel heben Textfragmente hervor. Die Bilder scheinen dabei „als wolle Fassbinder dezidiert keine Illustration geben, sondern zwei völlig divergierende Informationsstränge anbieten: den Text Fontanes, der fast stets Zitatcharakter behält, und eine diesem Text gegenläufige Inszenierung" (Schmid 1999, 79). Zu Beginn verliert Fassbinders Kommentar in der redundanten Wiederholung des abgebildeten Herrenhauses seine Bedeutung. Bei der Begegnung Effis und Baron von Innstettens löst sich die Einheit zwischen Erzählstimme und Bild auf. Das Tableau vivant des umarmenden Mutter-Tochter-Gespanns wird von der strengen Gegenüberstellung des zukünftigen Ehepaars abgelöst. Der Dialog Fontanes wirkt dabei wie ein fernes Echo. Wie die Literaturwissenschaftlerin Marion Villmar-Doebeling deutlich macht, sind dadurch die Nahtstellen zwischen Film und literarischer Vorlage hervorgehoben. „Auf diese Weise wird jeglicher visueller Illusionismus des Films aufgelöst und eine möglichst enge Vernetzung der Medien Schrift und Bild in Form von Schrift als Bild im Bild erreicht." (Villmar-Doebeling 2005, 138 f.) Es handelt sich um eine Gleichschaltung von Bild und Text im Medium des Films (vgl. ebd., 141).[54] Die Nahtstellen, welche das transparent machen, erzeu-

---

[54] Helmut Kreuzer fasst in seinem Aufsatz *Arten der Literaturadaption* eine solche Transformation der literarischen Vorlage als Illustration und wertet sie aufgrund

gen im Zusammenspiel mit den vorher erwähnten Verfremdungseffekten die Distanz des Zuschauers zum Gezeigten. Der Film als Konstrukt wird dadurch zum Kommentar oder repräsentiert eben eine Haltung, wie es Fassbinder nennt. Das zeigt sich bereits am interpretierenden Zusatz des ausführlichen Filmtitels: ODER VIELE, DIE EINE AHNUNG HABEN VON IHREN MÖGLICHKEITEN UND IHREN BEDÜRFNISSEN UND TROTZDEM DAS HERRSCHENDE SYSTEM IN IHREM KOPF AKZEPTIEREN DURCH IHRE TATEN UND ES SOMIT FESTIGEN UND DURCHAUS BESTÄTIGEN. Die kompromisslose Logik von Unterwerfung und Beherrschung wird hier angedeutet und im weiteren Verlauf durch die Kombination von Bild und Kommentar bestätigt. Wie die Literaturwissenschaftlerin Anke-Marie Lohmeier festhält, hat der Film die „Gewalt gesellschaftlicher Fremdbestimmung" als einzige Botschaft, die er zum Gegenstand jedes seiner Bilder macht (Lohmeier 1989, 235 f.). In seiner Konsequenz bedeutet dies, dass die Utopie eines nicht-entfremdeten Lebens, wie es bei Gründgens und Jugert in flüchtigen Momenten aufscheint, verschwindet. Bereits

> [d]er barocke Filmtitel signalisiert eine Lesart des Romans, die der Utopie identischen Lebens keinen Raum mehr zugesteht. Die Einsicht in die das Bewusstsein der Individuen übermächtigende Gewalt gesellschaftlicher Normensysteme wird zum Generalthema eines Films, der diesen Sachverhalt, indem er ihn Bild für Bild thematisiert, ausdrücklich bestätigt, die Fontanesche Skepsis damit zum Utopieverzicht radikalisiert. (ebd., 233)

Dies zeigt sich in der kontrastierenden Inszenierung des Strandausritts zwischen ROSEN IM HERBST und FONTANE – EFFI BRIEST. Bei Jugert stehen die aufkommenden Gefühle im Zentrum, mit dem wehmütigen Blick Crampas' auf die davonreitende Effi am Ende. Bei Fassbinder ist es Innstettens Angstapparat aus Kalkül, der in den Fokus gerät: Überdeutlich ist das Meer zu hören, während Effi und Crampas (Ulli Lommel), in die gleiche Richtung blickend, hintereinander den Strand entlanglaufen. In einer Totalen fängt die Kamera die beiden ein und folgt

---

der unterschiedlichen Medialität von Buch und Film negativ. Es zeigt sich hier erneut die verkürzte Hierarchisierung, welche der Vorlage das Primat gibt. (vgl. Kreuzer 1999, 27 ff.)

ihren Schritten. Crampas spricht: „Er hatte eine Vorliebe, uns Spukgeschichten zu erzählen. Und wenn er uns dann in große Aufregung versetzt hatte und manchen wohl auch geängstigt hatte, dann war es mit einem Male wieder, als habe er sich über all die leichtgläubigen bloß mokieren wollen. Kurz und gut, einmal kam es, dass ich ihm auf den Kopf zu sagte: Ach was, Innstetten, das ist doch alles bloß Komödie. Eigentlich glauben es Sie gerade so wenig wie wir. Aber Sie wollen sich interessant machen und haben eine Vorstellung davon, dass Ungewöhnlichkeiten nach oben hin besser empfehlen. In höheren Karrieren will man keine Alltagsmenschen." – die Kamera verharrt mit dem Paar. Der Major schaut nun Effi an, die weiter geradeaus blickt – „Und da Sie sowas vorhaben, haben Sie sich was Apartes ausgesucht und sind bei der Gelegenheit auf den Spuk gefallen. ... Sie schweigen?" Effi kehrt sich um, die Kamera wechselt in die Halbnahe und fängt ihr Gesicht ein, als sie ihn fragt: „Wie erklären Sie sich das alles?" Die beiden setzen sich auf ein ausgebreitetes Tuch, der Meereshorizont zieht entlang ihrer Köpfe eine Grenzlinie. Sie blickt auf den Boden, während Crampas Innstetten als Pädagoge und den Spuk als Erziehungsmittel

Die fehlende Utopie in FONTANE – EFFI BRIEST.

bezeichnet. Sie hebt ihren Kopf und fragt ihn: „Und er will mich auch erziehen? Erziehen durch Spuk." Crampas versucht es anders zu erklären, und spricht an, wie sie im Haus alleine sei, wenn der Baron seine regelmäßigen Dienstreisen antrete. Darauf setzt der Erzähler ein: „Dass Innstetten sich seinen Spuk parat hielt, um ein nicht ganz ungewöhnliches Haus zu bewohnen, dass mochte hingehen, dass stimmt zu seinem Hang, sich von der großen Menge zu unterscheiden.

Aber das andere, dass er den Spuk als Erziehungsmittel brauchte, das war doch arg und beinahe beleidigend. Und ‚Erziehungsmittel', darüber war sie sich klar, sagte nur die kleinere Hälfte. Was Crampas gemeint hatte, war viel, viel mehr ..." Während des Kommentars fährt die Kamera auf Effi zu. Ihr unscharfes Gesicht verbleicht langsam und der Zwischentitel „Eine Art Angstapparat aus Kalkül" erscheint vor weißem Hintergrund.

Von der verlorenen Stadt Vineta und Heines Gedicht, deren Erzählung in ROSEN IM HERBST die aufkommenden Gefühle begleiten, bleibt bei Fassbinder nur eine kurze Erwähnung des Dichters. Anstatt von Diamanten und Perlen erzählt Crampas nach dem Zwischentitel vom ebenfalls in der Vorlage erwähnten Kalatravaritter (vgl. Fontane 2011, 139). Die Romantik weicht einer blutigen Rachegeschichte am spanischen Hofe, ausgelöst von einem Ehebruch. Wo bei Jugert Musik die Emotionen akzentuiert, ist in FONTANE – EFFI BRIEST einzig das überdeutliche Rauschen der schwachen Brandung zu hören. Der wilde Ritt wird hier zu bedächtigen Schritten. Das Meer steht nicht mehr für Freiheit, sein Horizont ist vielmehr eine weitere Eingrenzung der Figuren. In der formalen Strenge und den gesprochenen Worten ist der Strand als eine Utopie des nicht-entfremdeten Lebens nur noch eine undeutliche Kontur. Die Skepsis, die der Roman darüber ausdrückt, dass ein solches Glück möglich sei, zeigt sich bei Gründgens und Jugert in den flüchtigen Momenten aufkommender Gefühle. Bei Fassbinder schlägt dies nach Lohmeier in blanke Negation um: „Es geht ihm hier nicht um die Frage *warum*, sondern bloß noch um die Feststellung, *dass* Utopie nicht gelingt"; konsequenterweise müsse sich der Film zum Zynismus bekennen. (Lohmeier 1989, 236) Dieses fehlende Bekenntnis beklagt die Literaturwissenschaftlerin:

> Dieser Konsequenz mag der Film sich allerdings nicht stellen. Dadurch aber gerät er zu einem sentimentalen Rührstück. Der Konsequenz seiner eigenen Botschaft entzieht er sich durch den Gestus der Klage: Indem er seinen Abschied von dem ‚möglichen Bilde vom Menschen' nicht begründet, sondern bloß beklagt, seine Unausweichlichkeit nicht nachweist, sondern bloß – Bild für Bild – zelebriert, beweint er die Konsequenzen seiner eigenen Behauptung und mogelt sich damit an ihnen vorbei. (ebd., 236 f.)

Als deutlichstes Indiz für ihre Behauptung sieht sie die filmische Umsetzung des Gesprächs zwischen Innstetten und Wüllersdorf (Karlheinz Böhm), dass die Bitte des Barons an seinen Freund, ihm beim Duell zu sekundieren und Crampas die Aufforderung zu überbringen, zum Gegenstand hat. Der Dialog wird in einer Parallelmontage mit Wüllersdorfs Reise nach Kessin verbunden, die damit bereits den Ausgang des Gesprächs vorwegnimmt. Für Lohmeier entwertet Fassbinder damit „das Gespräch global, signalisiert demonstrativ Desinteresse an den Gründen, die Innstetten für sein Handeln angibt, entwertet sie als Gerede, indem sie anzeigt, dass die Entscheidung längst gefallen ist" (ebd., 236). Die alternierende Montage kann aber auch als tragischer Fatalismus gedeutet werden, der die Zwänge der handelnden Figuren aufdeckt. In der Gleichsetzung von Zukunft und Gegenwart erhält der Fatalismus seine filmische Entsprechung. Der Dialog tritt dabei nicht in den Hintergrund, er erhält vielmehr eine dunkle

Die Entscheidung liegt nicht bei ihnen in Fontane – Effi Briest.

Färbung. Wenn Innstetten sagt: „Man ist nicht bloß ein einzelner Mensch, man gehört einem Ganzen an, und auf das Ganze haben wir beständig Rücksicht zu nehmen, wir sind durchaus abhängig von ihm", dann zeigt sich die Konsequenz dieser empfundenen Abhängigkeit im Wechsel mit den Bildern. Auch Wüllersdorfs finale Einsicht „Die Welt ist einmal, wie sie ist, und die Dinge verlaufen nicht, wie wir wollen, sondern wie die andern wollen", erhält in der Konfrontation mit seiner Abreise ein tragisches Gewicht. „… um diese Frage scheint sich hier alles zu drehen", antwortet Innstettens Kollege in der Diskussion darum, ob die Tat nach sechs Jahren verjährt sei. Wüllersdorf spricht die Worte aus dem Off, während der im Bild vorbeifahrende Zug die Antwort gibt. Im distanzierten Schauspiel, in der ausdruckslosen Intonierung wirken die Figuren und das Gesagte noch stärker fremdgesteuert. Wenn Effi zu Beginn sagt: „Nachher kam alles wie es kommen musste, und wie es immer kommt", spricht sie ihren Dialog, als ob sie keine eigene Sprache besitze (vgl. Villmar-Doebeling 2005, 142).[55] Die daher gesagte Phrase wird dadurch zum Zeichen der Fremdbestimmung. Die omnipräsenten Rahmungen und der reflektierende Blick in den Spiegel, der mitunter die Aufsplittung der Figuren, ihr vom eigenständigen Denken losgelöstes Handeln signalisiert, zwängen diese in ihre Rollen. An anderer Stelle erstarren die Figuren in Freeze Frames oder Tableaux vivants und zeigen damit ihr Gefangensein in den gesellschaftlichen Mechanismen. Regelmäßig stehen Gegenstände den Figuren im Weg, setzen ihnen Grenzen. Die inneren Gefühlswelten haben hier keinen Platz mehr, drängen nicht mehr an die Oberfläche. Effis Schaukeln, das Rauschen des Meeres wirken wie ein fernes Echo, von den Figuren unabhängig. Das zeigt sich prägnant in der Inszenierung des Hauses in Kessin. Die düsteren Räume, das ausgestopfte Krokodil und die wehenden Vorhänge sind verschwunden. Sie scheinen in der Logik von Fassbinders Diegese, in der allgegenwärtigen Unterdrückung, die sich auch in den Köpfen der Figuren festgesetzt hat, nicht mehr nötig. Der Angstapparat aus Kalkül lässt sich nicht alleine an Innstetten festmachen. Es herrscht ein kontrollierendes Netz aus Spiegeln und Rahmen vor. Der Regisseur setzt während des gesamten Films die Unterdrückung bedeutenden Elemente des Melodramas ein, verfremdet sie in ihrer Fragmentierung. Ihre Spuren sind vorhanden und treten dadurch in Interaktion mit den transparent gewordenen sozialen Strukturen. „Nein, der Film hat eine große, sehr klare Logik", antwortete Fassbinder auf die Frage, ob sein Film ein Melodrama sei (Fassbinder zit. in. Grant 1974, 320). Man kann dem Regisseur insoweit zustimmen, als dass FONTANE – EFFI BRIEST kein klassisches Melodrama ist. Fassbinder spielt mit den Konventionen, Stereotypen und Genreformen, er radikalisiert sie und er-

---

[55] Außer bei Effi und Baron von Innstetten wurde dies in der Produktion durch Nachsynchronisation in die Tat umgesetzt.

hält dem Genre im Kontext seiner Zeit einen kritischen Gestus. Die Figuren agieren in einer Welt der Unterdrückung und Fremdbestimmung. Was Sirk als falsches Glück ausstellen musste, um subtil den amerikanischen Traum zu zerstören (vgl. Fassbinder zit. in Sparrow 1974, 405), weicht hier einer omnipräsenten, alle Lebensbereiche berührenden Fremdbestimmung. Die seelenauffressende Angst, die einem anderen Film Fassbinders den Titel gibt, materialisiert sich im empathischen Spiel der Darsteller.[56] Der Film begnügt sich dabei auch nicht mit der Feststellung, dass Utopie nicht gelingen könne, sondern zeigt in der von Fassbinder angesprochenen Logik, warum das so ist. Der Film als Konstrukt offenbart die fremdbestimmenden sozialen Strukturen, die in ihrer grausamen Logik die Figuren zu hoffnungslosen Agitatoren verkommen lassen: „Das Traurigste in diesem Film ist, dass man ganz genau weiß, was diese Frau zerstört" (Fassbinder zit. in Ginsburg 1980, 473).

Der gnadenlose Blick, die Ausbeutung der Gefühle, welche Fassbinder selbst zum zentralen Thema seiner Filme erhob, wurden ihm oftmals als Sadismus ausgelegt (vgl. Elsaesser 2012, 101). Filme wie FONTANE – EFFI BRIEST galten in feministischen Kreisen als frauenfeindlich (vgl. ebd., 16). Die kompromisslosen Enden wurden als Bestätigung der Unterdrückung interpretiert. Zu KATZELMACHER (Rainer Werner Fassbinder, BRD 1969), der in seiner verfremdeten und strengen Perspektive der Adaption von Fontanes Roman gleicht, schrieb der Regisseur Wim Wenders:

> Das Grauenvolle an diesem Film ist, dass er bis ins kleinste Detail lustlos ist. Die Schnitte sind wie ein missmutiges Wechseln vom ersten aufs zweite Programm am Samstagabend, wenn einen jeder neuerliche Programmwechsel nur noch wütender und trauriger macht. Und dass alle Darsteller so verbissen schauen, liegt nicht an der Provinz, die sie darstellen, sondern an dem verbissenen Schema, das sie am liebsten nur noch als Marionetten vorführen möchte. (Filmkritik, 12/1969)

---

[56] Gemeint ist ANGST ESSEN SEELE AUF (Rainer Werner Fassbinder, BRD 1974), der in seiner Inszenierung und Handlung eine deutliche Nähe zu Douglas Sirks ALL THAT HEAVEN ALLOWS (USA 1955) besitzt.

Fassbinder wehrte sich wiederholt dagegen, dass die Darstellung von Minderheiten oder von Opferfiguren mit einer positiven Repräsentation einhergehen müsse (vgl. Elsaesser 2012, 101). Die Marionetten, aus denen jegliches Gefühl gewichtet ist, können auch als tragische Konsequenz ihrer Hilf- und Orientierungslosigkeit gelesen werden. Auf die Verwendung von Brechts Verfremdungseffekten in seinen Melodramen angesprochen, sagt der Regisseur: „Bei Brecht sieht man die Gefühle, man denkt über sie nach als Zeuge, aber man fühlt sie nicht. Das ist zumindest meine Interpretation, und ich glaube, ich gehe weiter als er an diesem Punkt, weil ich die Zuschauer fühlen und denken lasse." (Fassbinder zit. in Sparrow 1977, 406) Im gleichzeitigen Ausstellen der Unterdrückungsmechanismen und der Unterdrückten entfaltet sich eine Tragik, die den Vorwurf der Gefühlskälte entkräftet. Der Film lässt sich aber auch nicht „zu einem sentimentalen Rührstück" reduzieren, wie es Lohmeier formuliert (Lohmeier 1989, 236), und den Film dabei in Verbindung mit der zeitgenössischen Gegenwart bringt:

> Die repressiven Reaktionen von Öffentlichkeit und staatlichen Organen und das mit Beginn der siebziger Jahre spürbare Erlahmen des Protestpotentials, seine Zersplitterung in Gruppe und Grüppchen, gaben einem Gefühl der Ohnmacht und Vergeblichkeit Raum, das bei einem Teil der 68er Generation die Flucht in eine Pose des Selbstmitleids begünstigte, eines Selbstmitleids, das den Utopieverlust in toto dem Kollektiv anlastete, die Selbstbedeutung als schuldlos Gescheiterte und Mitleidlosigkeit gegen die ‚vielen' anderen subjektiv legitimierte. (ebd., 237)

„Die ‚Vielen' die ‚das herrschende System in ihrem Kopf akzeptieren', sind die anderen", so ihr Fazit (ebd., 237). Den Film liest sie als desillusionierten Blick auf das zeitgenössische Deutschland, auf eine der fragilsten Demokratien Europas im Kontext eines autoritär auftretenden Staates und extremer Gegenausformungen wie der RAF[57] (vgl. Elsaesser 2012, 33). Er wäre damit auch als Legitimation eines gescheiterten Umbruchs zu interpretieren – einen Umbruch, wie er bezogen

---

[57] Rote Armee Fraktion.

auf den deutschen Film 1962 mit dem Oberhausener Manifest initialisiert wurde. In Abkehr von Papas Kino suchte man nach neuen Formen, experimentierte mit Genres. So zum Beispiel in JAGDSZENEN AUS NIEDERBAYERN (Peter Fleischmann, BRD 1969), der mit einer surrealistischen Atmosphäre den Heimatfilm der 1950er-Jahre in eine Sozialkritik ummünzt. (vgl. Lenssen 2004, 250 ff.) Diese Lesart verkennt die Sonderrolle Fassbinders innerhalb des Neuen Deutschen Films. Gemeinsam mit Wim Wenders und Werner Herzog gehörte er zur 2. Generation, zu jenen, die das Manifest nicht unterzeichnet hatten. Nicht so sehr die Abkehr vom alten deutschen Film, sondern vielmehr die Hinwendung zum amerikanischen Kino stand bei Fassbinder im Fokus. In Bezug auf den Gangsterfilm, aber besonders hinsichtlich des Melodramas „trieb er die Suche nach einem modernen Genrekino weiter als jeder andere" (Elsaesser 2012, 68). Alexander Kluge, Volker Schlöndorff oder auch Edgar Reitz, Regisseure der 1. Generation, arbeiteten weitaus analytischer und direkter an Aspekten der bundesdeutschen Realität und Geschichte. Bei Fassbinder steht „nicht die Unterdrückung in den politischen Verhältnissen [...] im Mittelpunkt, sondern die in den privaten Verhältnissen, in den Liebesbeziehungen, die er jedoch – oft noch mit dem didaktischen Impetus des 68er-Geistes – stets auf ihre sozialen und historischen Bedingungen zurückführt" (Lenssen 2004, 266). Er ist in diesem Sinne vielleicht stärker als ein „Chronist der westdeutschen Gesellschaft" zu verstehen, wie ihn Wolfram Schütte, der Fassbinder mit Balzac verglich, in seinem Nachruf nannte (vgl. Frankfurter Rundschau, 11.6.1982). In konzeptueller Verwandtschaft mit der *Comédie humaine* des französischen Schriftstellers lassen sich seine Filme als facettenreiches Gesellschaftsbild der BRD lesen, die auch aus dem Blick zurück bestehen: „Ich werde viele Filme machen, bis ich mit meiner Geschichte der BRD hier und heute angekommen bin [...] Man muss, um die Gegenwart zu begreifen, was aus einem Land geworden ist und noch wird, die ganze Geschichte begreifen oder verarbeitet haben." (Fassbinder zit. in Elsaesser 2012, 27) Den Weg in die Vergangenheit weisen dabei wiederholt ikonografische Figuren in einem ausgestellten medialen Kontext: LOLA (BRD 1981) führt mit der ersten Einstellung ins Deutschland der 1950er-Jahre, wenn der Radio hörende Konrad Adenauer auf einer

Fotografie zu sehen ist, während Freddy Quinn *Unter Fremden Sternen* singt. Mit den Worten: „Zürich im Jahre 1938, 7 Jahre vor Ende des 2. Weltkriegs, beginnt in einer behäbigen Schweizer Geschäftsstadt die Geschichte eines Liedes" fängt LILI MARLEEN (BRD 1981) an und macht das Soldatenlied zum roten Faden einer Geschichte um Verflechtung von Kultur und Nationalsozialismus. Es scheint deswegen kein Zufall, dass Fassbinder seinen Blick auf das ausgehende 19. Jahrhundert mit der bekannten Romanfigur Effi Briest verbindet und dabei die Transformation vom Buch zum Film offenlegt. Er setzt damit auch einen eigenwilligen Akzent innerhalb der aufkommenden Kritik am Neuen Deutschen Film. Mitte der 1970er-Jahre entstand eine Debatte um die oftmals von Fördergremien finanzierten Literaturverfilmungen (vgl. Lenssen 2004, 249), die in ihrer Konventionalität als Symptom für die nicht eingelösten Versprechen der Filmbewegung galten. In dem Kontext widmet sich Fassbinder auf radikale Weise einem Klassiker der deutschen Literatur.[58]

Der deutlich ausgestellte mediale Rahmen ermöglicht dabei, die im Blick zurück offenbarte Vergangenheit als eine Konstruktion zu etablieren. In diesem Licht wird deutlich, warum es Fassbinder nach eigenen Aussagen um die Haltung Fontanes ging (vgl. Fassbinder zit. in Thomsen 1974, 303). Um die Geschichte der BRD als Ganzes zu verstehen, wie es der Regisseur andeutete (vgl. Fassbinder zit. in Elsaesser 2012, 27), durfte die Vergangenheit nicht alleine als Metapher für die Gegenwart fungieren.[59] Bei Fontane sieht Fassbinder eine Sicht auf die Gesellschaft, die er teilt und welche aus der Vergangenheit eine Brücke in die zeitgenössische Gegenwart schlägt:

---

[58] Er scheint damit indirekt auch noch François Truffaut zu antworten. In seinem Artikel *Eine gewisse Tendenz im französischen Film* [1954] greift Truffaut die „Tradition der Qualität" im französischen Nachkriegskino an, die er besonders in der unzähligsten Adaption von Gustav Flauberts *Madame Bovary* sieht, dem französischen Pendant zu *Effi Briest*. Der Artikel löste eine große Kontroverse aus und beeinflusste die Nouvelle Vague und in ihrem Fahrwasser auch den Neuen Deutschen Film (vgl. Truffaut 1964, 165 ff.).

[59] Damit möchte sich der Regisseur auch von den vorherigen Verfilmungen distanzieren: „Die bisherigen Effi Briest-Verfilmungen zeigen sehr wenig von der Zeit und von Fontanes Sicht dieser Zeit." (Fassbinder zit. in Brocher 1972, 244)

> Der Fontane hat, ähnlich wie ich, so eine Sicht auf die Welt, die man sicherlich verurteilen kann: nämlich, dass die Sachen so sind, wie sie sind, und dass man sie so schwer verändern kann. Obwohl man begreift, dass man sie verändern müsste, setzt irgendwann mal die Lust aus, sie zu verändern, und man beschreibt sie dann nur noch. Und das ist das, was mich an Fontane so fasziniert: dass Fontane jemand ist, der ganz genau weiß, was alles nicht stimmt an seiner Gesellschaft, in der er lebt und die ihn auch bestätigt hat als Dichter, und der trotzdem nicht umhin kann, diese Gesellschaft zu akzeptieren, deren Form er als falsch begriffen hat. Und nichts anderes tue ich oder tun wir heute, mehr oder weniger bewusst. (Fassbinder zit. in Brocher 1972, 244)

Der Regisseur zeichnet mit seinem Film das Gegenteil einer Entwicklungslinie. Die Ausbeutung der Gefühle, Unterdrückung und Fremdbeherrschung erhalten eine überzeitliche Dimension. Mit Blick auf das Gesamtwerk wird auch der Kontrast zu Luderers Adaption deutlich, der eine Überwindung der Machtstrukturen impliziert. Der Verzicht auf Zynismus bei Fassbinder hat nicht unbedingt Selbstmitleid zur Folge. Der Film ist nicht die Anklage gegen ein übermächtiges Kollektiv, von dem sich der Regisseur abgrenzt. Die Vielen sind nicht die anderen, wie es Lohmeier interpretiert (vgl. Lohmeier 1989, 236 f.). Fassbinder sieht sich und Fontane vielmehr als Teil der Vielen, die eine Ahnung haben von ihren Möglichkeiten und ihren Bedürfnissen und trotzdem das herrschende System in ihrem Kopf durch ihre Taten akzeptieren und es somit festigen und durchaus bestätigen, wie es im Filmtitel heißt. Kappelhoff beschreibt die Verbindung des Individuums und seines sozialen Umfelds:

> Die gesellschaftlichen Mächte stellen sich nicht dar als eine außen liegende Herrschaftsstruktur, sondern als unendliche Verästelung eines Begehrens, das seinen Grund in den Körpern der Individuen, in ihren Wünschen und Ansprüchen hat. Deshalb bezieht Fassbinder den sozialen Gestus auf jenen Teil, der bei Brecht wegfällt, das Pathos, des leidenden, empfindenden Subjekts. Nur dass dessen Innerlichkeit nicht mehr im Gegensatz von Individuum und Gesellschaft gedacht ist, sondern eine Wirklichkeitsebene bezeichnet, auf der die gesellschaftlichen Prozesse unauflösbar mit dem individuellen Begehren verschränkt sind. (Kappelhoff 2010, 273)

FONTANE – EFFI BRIEST ist der machtlose Blick auf sich immer wiederholende Strukturen. Ein Blick, der in seiner Zeitgebundenheit erst die Zeitlosigkeit der Machtgefüge offenbart. In der vom Regisseur angesprochenen, gnadenlosen Logik sind alle Figuren Opfer (vgl. Fassbinder zit. in. Grant 1974, 320).

## 8. 2009: Effi Briest

Mit dem Prädikat „wertvoll" zeichnet die *Filmbewertungsstelle Wiesbaden* Hermine Huntgeburths Adaption von *Effi Briest* aus. Dabei lobt die Jury besonders, wie es der Regisseurin gelungen sei, Fontanes Roman in einem neuen Gewand zu zeigen, als Emanzipationsgeschichte:

> Die schöne Überraschung vorab: Hermine Huntgeburths Film ist keine Wiederholungsarbeit, sondern folgt einer neuen Konzeption. [...] Effi dämmert und verkümmert nicht in abgeschiedener Verzweiflung dahin, sondern es gibt für sie ein Leben nach dem Leben. Sie geht einen selbstbestimmten Weg. (http://www.fbw-filmbewertung.com)

Während die „amtliche" Bewertung den selbstbewussten Abgang der Hauptfigur im Spiegel der Gegenwart positiv hervorhebt, zieht die Jury bei der Hauptdarstellerin Julia Jentsch den Vergleich zu ihren Vorgängerinnen: „Ihre Sensibilität und die emotionale Wandlungsfähigkeit rücken sie gleichberechtigt in die hehre Traditionslinie der früheren Effi-Briest-Inkarnationen. Welche Kraft, welch Liebreiz, welche Sinnlichkeit!" (http://www.fbw-filmbewertung.com).

Die deutsche Filmkritik reagiert gespalten auf die Neuinterpretation. Schließt sich Daniel Sander vom *Spiegel* noch dem Lob für die Schauspielerin an, bewertet er die Veränderungen gegenüber der Vorlage dezidiert anders:

> Julia Jentsch ist eine großartige Effi Briest. Vom ersten Moment an [...] wirft sie sich mit einer solchen Energie in ihre Rolle, dass man sofort glauben will [...], dass nichts und niemand sie aufhalten kann. Natürlich werden es die meisten Zuschauer besser wissen, unzählige mussten sich schließlich während der Schulzeit [...] durch das tragische Schicksal der Effi Briest quälen. Doch wahrhaben möchte man das nicht bei so viel Lebenslust und Leidenschaft. Könnte es etwa sein, dass ihr doch ein anderes Ende möglich ist? Dass sie nicht gramerfüllt stirbt, als verstoßene Ehebrecherin, als Opfer einer gnadenlosen, verlogenen Gesellschaft? (Der Spiegel, 12.2.2009)

Zu Beginn seiner Kritik stellt Sander die hoffnungsvolle Frage nach einem glücklichen Ende für die Protagonistin. Eine Frage, die der Titel seiner Rezension – *Ey Alter, ich bin kein Opfer* – bereits beantwortet. Er bemängelt dabei jedoch den fehlenden Mut, sich nicht noch deutlicher von der Vorlage entfernt zu haben. In die entgegengesetzte Richtung geht Harald Martenstein in seiner Berlinale-Kolumne für den *Tagesspiegel*. Ohne den Film überhaupt gesehen zu haben, echauffiert er sich über die seiner Meinung nach sinnlose Umschreibung von Literaturklassikern:

> Effi fängt als Großstadtsingle ein neues Leben an. Die Filmemacher sagen, dies sei zeitgemäßer. In Wirklichkeit wird so aus einem gesellschaftskritischen Drama eine läppische Selbstverwirklichungsgeschichte. [...] Manche Leute haben, statt Hirn, Seife im Kopf. Klassiker werden Klassiker [...], weil ihre Geschichte auch etwas Zeitloses hat, eine Kraft, wie sie kein einziges dämliches Fernsehspiel besitzt. Ist das so schwer zu kapieren? Offenbar ja. (Der Tagesspiegel, 12.2.2009)

Die *Filmbewertungsstelle* und beide Kritiken rücken in den Fokus, was dem Film nach seiner Premiere an den *Internationalen Filmfestspielen Berlin* große Aufmerksamkeit in den Medien verschaffte.[60] Nur zwei Monate nachdem Heinrich Breloers aufwändige und der Handlung von Thomas Manns Roman eng folgende Produktion BUDDENBROOKS (D 2009) für seine Beliebigkeit und sklavische Texttreue kritisiert wurde[61], löste Hermine Huntgeburths Interpretation der bekannten Vorlage eine rege Diskussion aus. Neben den zumeist kritischen Stimmen zu Effis erfolgreichen Behauptung gegen die gesellschaftlichen Zwänge, gab es auch in der Filmpresse vereinzelt positive Stimmen zum neuen Ende: Der *Filmdienst* lobt die fehlenden Berührungsängste, die Effi Briest ein „modernes und gegenwärtiges Gesicht" geben (vgl. Filmdienst, 4/2009), und *Cinema* hebt explizit die gelungene Aneignung von Fontanes Roman hervor:

---

[60] Der Film hatte seine Premiere am 9.2.2009 im Programm Berlinale Special und kam gleich im Anschluss, am 12.9.2009, in die deutschen Kinos.
[61] Stellvertretend sei hier Rüdiger Suchslands Kritik im *Filmdienst* genannt, der den Film als müde Pflichterfüllung ohne Überraschungen beschreibt (vgl. Filmdienst, 26/2008).

Trotz historischer Dekors wirkt die Geschichte alles andere als altmodisch. Im Gegenteil: [...] Hermine Huntgeburth [...] sieht in Effi nicht das Opfer einer gnadenlosen Gesellschaft, sondern eine freiheitsliebende Frau, die selbstbewusst ihren Weg geht. Das macht sie auch im Jahr 2009 zu einem Kind ihrer Zeit – und zu einem echten Vorbild für freche Mädchen und wilde Hühner. (www.cinema.de)

Die neue Charakterzeichnung der Hauptfigur ist bereits im Beginn von EFFI BRIEST klar angelegt und weist der Handlung ihren Weg. Der Anfang zeigt das Kennenlernen von Innstetten und Effi, das Fontane nur im Dialog anspricht (vgl. Fontane 2011, 18). Der Rathenower Husarenball wird dabei zum Schauplatz der ersten Begegnung: In düsteren, symmetrisch komponierten Bildern wird die Einfahrt von Innstettens Kutsche inszeniert. Bereits beim Blick auf die Auffahrt des Schlosses erklingt als Tonbrücke das Orchester. Wechsel von der Dunkelheit der Nacht in das strahlend weiße Innere des Anwesens. Die Kamera orientiert sich an Effi (Julia Jentsch), die schnellen Schrittes die Treppe hinuntereilt. Für einen Moment wechselt die Perspektive auf die subjektive Sicht der Hauptfigur, wie sie ihren Vetter Dagobert anblickt. Kurz kommt das Geschehen zur Ruhe. Die nächste Einstellung weist den Point-of-View als Blick einer Verliebten aus, wenn sie mit einem Lächeln tief in die Augen ihres Gegenübers schaut und ihn zum Tanz

Eine selbstbewusste Effi trifft auf den steifen Baron von Innstetten in Effi Briest.

auffordert. Die mobile Kamera akzentuiert im Folgenden die Dynamik auf dem Parkett. Ein kurzer Wechsel nach Draußen kündigt die Ankunft des Barons (Sebastian Koch) an. Am Ende des Walzers kommt es zur ersten Begegnung zwischen Effi und Innstetten. Widerwillig lässt sie sich von ihrer Mutter (Juliane Köhler) zum arrangierten Tanz mit ihm überreden. „Aber ich habe den nächsten mit Dagobert verabredet", ruft Effi ihrer Mutter in bestimmten Ton nach, während Innstetten sie mit strengem Blick mustert. Die Lebendigkeit des Anfangs weicht einer Distanz, die sich im unterkühlten Dialog der beiden zeigt. Effi beendet das Aufeinandertreffen mit der Anspielung auf die gemeinsame Vergangenheit des Barons und ihrer Mutter: „Wenn Sie meine Mutter geheiratet hätten, dann gäb's mich gar nicht. Also verdanke ich ihrem Unglück mein Leben."

Im Gegensatz zu Fassbinders Beginn wird hier wie bei den restlichen Adaptionen zum Anfang der Kontrast zwischen den beiden Figuren etabliert. Die dynamische Kamera und die sich wiederholenden Point-of-view-Strukturen machen Effis Gefühlslage deutlich und bauen eine Distanz zum streng wirkenden Baron auf. In Effis wilde Natur mischt sich aber auch ein Trotz. Die Hauptfigur wird als unabhängige Figur gezeichnet, die von Beginn an mit Skepsis auf ihren zukünftigen Mann reagiert. Explizit als selbstbewusste Frau charakterisiert, verliert sie dadurch das kindliche, wie es besonders Gründgens und Luderer herausgearbeitet haben.

Nicht ahnungslos, sondern passiv registrierend gerät Effi im weiteren Verlauf in die Opferrolle: Hinter verschlossenen Fenstern, der Dialog ist nicht zu hören, haben sich Innstetten und Herr von Briest über die Hochzeit geeinigt. Als Effi auf die Neuigkeit mit leisem Protest reagiert, fährt ihr die Mutter gleich ins Wort. Verärgert lässt sie ihre Tochter alleine im Garten stehen. „Effi, komm!", tönt es als trauriges Echo aus der Ferne. Mit wehmütigem Blick, begleitet von schwerfälliger Musik, schaut Effi in Richtung ihrer Freundin. Distanziert, aus den Augen spricht Angst und Unbehagen, lässt sie den offiziellen Antrag und das gemeinsame Abendessen über sich ergehen. Das Bild zweier im Käfig eingesperrter Vögel am nächsten Morgen steht für ihre Gefangenschaft. Regungslos liegt sie im Bett und starrt an die Decke. Erst im Nachsprechen des Treuegelübdes bei der Hochzeit hört der Zuschauer von Effi ein Ja zu Innstetten.

Die folgende Nacht besiegelt dann ihre Unterdrückung: Aus der Distanz fängt die Kamera Effi ein, wie sie sich unsicher im Dunkeln des Hotelzimmers bewegt. Zögernd steigt sie ins Bett und zieht die Decke bis zum Hals. Eine Nahaufnahme zeigt ihr Gesicht, wie sie mit scheuem

Blick in Richtung des Badezimmers schaut, wo sich Innstetten der Abendtoilette widmet. In der nächsten Einstellung ist aus ihrer Warte zu sehen, wie er sich langsam ums Bett bewegt. Eine alternierende Blickstruktur offenbart ihre Angst und sein lustvolles Begehren. Das Fenster wirft als einzige Lichtquelle einen kalten Schein auf sie. Vorsichtig wendet er sich ihr zu, während sie in ihrer Pose erstarrt scheint. Innstetten wirft die Decke zurück und zieht Effi die Unterhose aus. Die Leinwand wird beinahe Schwarz, als er sich über sie beugt. In einem Top Shot, durch den schwer atmenden Innstetten halb verdeckt, ist die Kamera frontal auf Effis Gesicht gerichtet. Verkrampft wendet sie ihren Blick ab, als er beginnt, in sie einzudringen. Es entfährt ihr ein lauter Schrei. Innstetten versucht sie zu beruhigen, während er die Penetration fortsetzt. Hilflos versucht sie sich zu lösen. Aus der Vogelperspektive beobachtet die statische Kamera ihr schmerzverzerrtes Gesicht, in den Augen sind Tränen. Effis Wimmern wird vom immer lauter werdenden Stöhnen Innstettens abgelöst. Nach dem Höhepunkt lässt er von ihr ab. Gedankenfern fährt er ihr übers Gesicht. Sie dreht ihren Kopf weg, während traurige Musik einsetzt.

Die Hochzeitsnacht als Vergewaltigung in Effi Briest.

Sinnbildlich verdichtet zeigt Hermine Huntgeburth in den ersten 15 Minuten den Opfergang ihrer Hauptfigur. Die wie eine Vergewaltigung anmutende Hochzeitsnacht vollzieht ihre Unterdrückung auch körperlich. Der anfänglich stille Widerstand weicht den offenen Schmerzen. Wiederholt werden die Blicke Effis aufgenommen, die eine Distanz, eine Ablehnung verraten und damit einen klaren Blick in ihre Seelenwelt gewähren. Der Versuch einer Annäherung ist in der Figurenzeichnung der beiden Protagonisten nicht angelegt. Hier entsteht der von Daniel Sanders anfänglich angesprochene Zweifel. In der Abschottung, der Gefühlskälte, mit der Effi auf Innstettens Strenge reagiert, scheint ihre Abkehr bereits implizit vorhanden zu sein. Der Emanzipation der Protagonistin wird damit der Weg geebnet.

Ihre Befreiung aus der Abhängigkeit wird dabei konkret anhand der Chinesenfigur aufgezeigt. Fontanes Zeichen für Effis Angst in Kessin erscheint im Roman nur als lebloses Abbild. Hier wird durch das leibhaftige Auftreten des Chinesen in Effis Träumen Innstettens Angstapparat aus Kalkül und seine Überwindung unmissverständlich deutlich gemacht: Effi ist die erste Nacht alleine zuhause, als sie vom oberen Saal träumt. In verzerrten, von kaltem Blau geprägten Bildern wandern tanzende Füße übers Parkett. „Der Chinese soll der letzte gewesen sein, mit dem sie getanzt hat", spricht Innstetten aus dem Off, während jener mit der Braut im Arm zu sehen ist. Leidenschaftlich küsst er sie, bis ihr stockender Atem zu hören ist und sie zusammenbricht. Kalt schauen seine Augen in die Kamera. Effi wacht schweißgebadet aus ihrem Traum auf. Er habe den Chinesen bei Fontane im Sinne Freuds als unbewusstes Symbol gedeutet, das in den Träumen der Protagonistin ihre Angst und ihr Begehren zeige, so der Drehbuchautor Volker Einrauch.[62] Sein erstes Auftreten, in Zusammenhang mit Innstettens Nacherzählung der Legende, steht noch ganz im Zeichen der Angst und Unterdrückung.

Nach den gemeinsamen Theaterproben wird zur späten Abendstunde ein erster Annäherungsversuch von Crampas (Misel Maticevic) angedeutet. Bevor mehr geschieht, erscheint plötzlich Innstetten, um seine Frau abzuholen. Unruhig wälzt sich Effi nachts im Bett, als sie erneut ein Traum heimsucht: Mutig läuft sie nun selbst die Treppe zum Ballsaal hoch. Die Kamera fährt zielstrebig auf das einsam tanzende Paar zu. Anstatt der Braut hält der Chinese nun Innstetten in seinen Armen. Von unheimlicher Musik begleitet, löst sich ihr Mann schwerfällig aus der Umklammerung. Mit Schrecken stellt sie fest, wie Blut aus seinem Mund fließt und er hilflos zusammenbricht. Verzweifelt versucht sie

---

[62] Siehe Volker Einrauch bei der Berlinale-Pressekonferenz zum Film (vgl.: www.berlinale.de).

mit ihren Armen den Chinesen von sich wegzuhalten. Ihre zusammengepressten Lippen lassen die hörbaren Schreie als Tonbrücke der aufgeschreckten Effi erkennen. Anstatt auf den Chinesen schlägt sie in der nächsten Einstellung wild auf ihren Ehemann ein, der sie kaum beruhigen kann.

Während Ruth Leuwerik beim Gang in den Ballsaal noch zusammenbrach, zeigt sich hier im Traum Effis Begehren nach Innstettens Verschwinden. Am nächsten Morgen geht der Landrat auf Geschäftsreise, und zumindest temporär wird ihrem Wunsch entsprochen. In einem Moment der Befreiung läuft Effi ans Meer, wo sie in der alten Hütte auf Crampas trifft: Die Kamera fährt ganz nah an das Paar, während er ihr zärtlich übers Gesicht streichelt. Im Hintergrund ist nur das Meeresrauschen zu hören. Tief blicken sich die beiden in die Augen, bevor sie sich küssen. Effi scheint sich wehrlos ihren Gefühlen hinzugeben. Vorsichtig zieht er ihr das Kleid aus. Scheu legt sich die nackte Effi auf das ausgebreitete Tuch. Anstatt über sie herzufallen, fährt er mit seiner Hand langsam über ihren Körper. Die anfängliche Furcht weicht immer stärker dem Verlangen. „Schau mich an", sagt Crampas, während er in sie eindringt. Freudig beginnt sie zu lächeln. „Dieses Gefühl ...", sagt sie danach. „War es das erste Mal?", fragt Crampas. Sie nickt verlegen: „... ist das jetzt Liebe?" „Nein", antwortet er mit einem Schmunzeln, „das ist Freiheit." Huntgeburth verwendet ebenfalls Elemente des Melodramas, wenn sie die Natur prägnant in Szene setzt oder durch Musik und Lichtdramaturgie die Gefühlswelt der Hauptfigur spiegelt. Durch den Einsatz von Kranfahrten und der Steadycam wird eine stetige Dynamik erzeugt, die klaren Digitalbilder fangen in ihrem Detailreichtum die wilden Landschaften und die aufwändig ausgestatteten Szenerien, aber auch die dunkle Unterkühltheit der Träume ein. Doch die Motive erfahren eine Umdeutung. Das Spukhaus ist überwindbar, und die Szene am Strand ist nicht ein flüchtiger Moment des Glücks, sondern ein Schritt auf dem Weg zur Befreiung. Überdeutlich zeigt sich dies im Kontrast zwischen der ersten Nacht mit Innstetten gegenüber der Sequenz im Strandhaus, wie es auch Ulrich Greiner in seiner Kritik mit dem Titel *Effis erster Orgasmus* festhält:

> Effi schreit wie am Spieß, und Innstetten grunzt wie ein Eber. Der Major Crampas hingegen weiß, wie man Frauen glücklich macht. [...] Zwar ist der sandige Boden draußen an der pommerschen Ostseeküste nicht ganz so bequem wie das Ehebett, aber wo Leidenschaft ist, da fügt sich zusammen, was zusammengehört. Wir sehen Effi nackt ausgebreitet, sehen, wie der ebenfalls nackte Crampas ihre Brüste umschmeichelt und auch in tiefer gelegenen Regionen Lust entfacht, bis Effi am Ende wiederum schreit, diesmal vor Glück. (Die Zeit, 12.2.2009)

Der Befreiungsschrei der Hauptfigur deutet an, dass in Huntgeburths Film das unausweichliche Ende des Melodramas nicht unbedingt eintreten muss. Die Andeutung wird noch deutlicher gegen Ende, wenn der Chinese ein letztes Mal auftaucht. Effi hat soeben Annie auf der Straße getroffen, sich jedoch nicht getraut, sie anzusprechen. In der Vorlage ist das der Moment, an dem die Protagonistin an der Last auf ihren Schultern zusammenzubrechen beginnt. Effi sitzt abends in ihrer Badewanne, als sich langsam die Hände des Chinesen auf ihre Schultern legen. Vom Schock wie gelähmt lässt sie es zu, dass er sie unter die Wasseroberfläche drückt. Kurz vor dem scheinbaren Ertrinken taucht sie auf. Hier wird das tragische Ende des Romans angedeutet, dem sich Effi aber, wenn sie sich in der letzten Sequenz von den gesellschaftlichen Schlingen befreit, entzieht. Durch den gesamten Film wird eine Figur gezeichnet, die sich schlussendlich gegen die gesellschaftlichen Strukturen behauptet. Die Regisseurin entfernt sich damit hinsichtlich der Handlung und seiner Hauptfigur am deutlichsten von Fontane und den Strukturen des Melodramas. Wo Fassbinder die Machtlosigkeit melodramatischer Figuren ausstellte, macht Huntgeburth das Gegenteil. Ihre Protagonistin wendet der Gesellschaft sprichwörtlich den Rücken zu. Für die Regisseurin ist der Roman eine Emanzipationsgeschichte. Sie versteht ihren Film als Aussicht auf das 20. Jahrhundert und blickt dadurch auch mit einer feministischen Perspektive auf die Vorlage.[63] Ein Blickwinkel, der nicht zuletzt durch ein gegenwärtiges Menschenbild geprägt ist, oder, wie es der Produzent des Films, Günter Rohrbach, sagt: „Man will das 19. Jahrhundert nicht

---

[63] So Hermine Huntgeburth ebenfalls bei der Berlinale-Pressekonferenz zum Film (vgl.: www.berlinale.de).

ignorieren, sondern für uns gewinnen."[64] Das Individuum ist fähig, selbst zu entscheiden, die unüberwindbar anmutenden gesellschaftlichen Grenzen der wilheminischen Zeit scheinen sich zu verringern. Das Denken der Figuren, welches sich radikal von Fassbinders Protagonisten unterscheidet, die sich selbst nicht einmal als Opfer sehen, zeigt sich in der modernisierten Sprache. Wenn Annie zu Besuch kommt, sagt sie nicht mehr „O gewiss, wenn ich darf" (vgl. Fontane 2011, 274), sondern „Wenn du möchtest". Es ist die subtile Verschiebung von einem devoten, durch Machtstrukturen geprägten Denken zu einem selbstbezogenen Handeln. Ein Handeln, das in seiner Konsequenz auch die Verantwortung auf den Einzelnen überträgt. Als moralische Instanz schreit Gieshübler (Rüdiger Vogler) nach dem tödlichen Schuss im Duell in Richtung des Siegers: „Innstetten Sie ... Sie völlig verblödeter Idiot. Gehen Sie mir aus den Augen!" Im Licht des neuen Gesellschaftsbildes ist Innstetten, beginnend mit der Hochzeitsnacht, nicht Opfer, sondern Täter. Effi hingegen ist als positive Figur, im Sinne der Emanzipation, dem konservativen Denken entwachsen. Sie entspricht einem modernen, feministischen Frauenbild, das anstatt der Opferrolle die eigene Stärke in den Vordergrund stellt. Der Film folgt in seiner Moral einem dominanten Zeitgeist. In einer Welt angeblich immer größer werdender Freiheiten wächst proportional die Verantwortung des Einzelnen. Entsprechend streng wird über Fehler gerichtet und der Verweis an ein gesellschaftliches Kollektiv entkräftet. Das Glück liegt in der eigenen Verantwortung und ist nicht mehr unerreichbar, wie es in der Tradition des Melodramas noch bei Jugert oder Fassbinder gezeigt wurde und wie es auch in Fontanes Vorlage angelegt ist.

An dieser expliziten Umdeutung und Anpassung an die Gegenwart stößt sich die Kritik, wie exemplarisch der Titel *Ey Alter, ich bin kein Opfer* von Daniel Sander im *Spiegel* zeigt. Es bringt dem Film aber gleichzeitig die Aufmerksamkeit in einem unübersichtlichen deutschen Filmangebot, in dem die einheimischen Filme sich gegen eine

---

[64] So Günter Rohrbach bei der Berlinale-Pressekonferenz (vgl.: www.berlinale.de).

Übermacht von amerikanischen Produktionen behaupten müssen.[65] Wie das neue Ende Aufmerksamkeit generiert, zeigt sich nicht zuletzt auch in den Blog- und Foreneinträgen zum Film, die sich ebenfalls hauptsächlich auf die Aktualisierung der Vorlage fokussieren. Oftmals mit der bekannten Haltung gegenüber Literaturverfilmungen, die eine texttreue Adaption des Romans verlangt, wird hier die Emanzipation der Hauptfigur kritisch diskutiert. Neben erneut zahlreichen negativen Wertungen[66] gibt es im Internet vermehrt positive Stimmen. So wird in einem Blog die Frage gestellt:

> [I]st der Bogen zu einer emanzipierten, freien Effi wirklich so gewagt? Nur wenige Jahre nach der Handlungszeit des Films entwirft ein anderer Autor gleichen Formats, Emile Zola, viel deutlichere Entwürfe von Freiheit, gesellschaftlicher Emanzipation und sozialer Gerechtigkeit. [...] Im Grunde führt Huntgeburth nur konsequent weiter, was Fontane angelegt hat und unausgesprochen lässt. (www.derclownfisch.myblog.de)

Unabhängig davon, wie die Diskussion um den Film seinen Erfolg beeinflusste[67], zeigen sich nicht zuletzt an den zahlreichen Reaktionen auf die Veränderungen gegenüber der Vorlage, wie Huntgeburths Film seine Neuinterpretation explizit entfaltet und sich damit in der modernen Medienlandschaft positioniert.

---

[65] Mit einem Marktanteil von 27,4 Prozent erreichten die deutschen Filme 2009 einen Rekordanteil. 2010 sank der Anteil wieder auf 16,8 Prozent. Für ein überdurchschnittliches Ergebnis benötigt die deutsche Filmindustrie Zugpferde wie 2015 mit FACK JU GÖHTE 2 (Bora Dağtekin, BRD 2015) und HONIG IM KOPF (Til Schweiger, BRD 2015), als die deutschen Filme wieder einen Marktanteil von 27,5 Prozent erreichten. (vgl. www.ffa.de) Es bestätigt sich damit die Entwicklung, wie sie Joseph Garncarz beschreibt, der die 1950er/1960er-Jahre als Übergangsphase sah, in denen der deutsche Film auf dem einheimischen Markt dominierte, bevor ab den 1970er-Jahren bei den Einnahmen eine anhaltende Dominanz der US-Produktionen festzustellen ist. Damit zusammenhängend orientieren sich laut Garncarz auch die deutschen Produktionen verstärkt an amerikanischen Standards. (vgl. Garncarz 1993, S. 168)

[66] So bemängelt etwa Eva Schulz in ihrem *Hurra-Blog* die überdeutliche Charakterisierung der Figuren, die entgegengesetzt der Intention Fontanes aus dem Roman eine Emanzipationsgeschichte mache (vgl. www.hurra-blog.de). In den Foren zeigt sich ebenfalls ein diverses Bild (vgl. u. a. www.moviepilot.de oder www.choices.de).

[67] Mit 432.627 Zuschauern erreichte der Film ein durchschnittliches Ergebnis und landete auf Platz 83 der Jahresbestenliste (vgl. www.ffa.de).

„Im heutigen Kino will man mehr sehen, als Fontane zulässt", sagt der Produzent Günter Rohrbach.[68] Indirekt den vermeintlichen Publikumsgeschmack ansprechend, weist die Aussage Rohrbachs in die Richtung, in welche sich das populäre deutsche Kino nach der Wende entwickelte. Schritt für Schritt, mit dem Tod Fassbinders 1982 als Beginn, wurde das Autorenkino zu Grabe getragen (vgl. Terhechte 2014, 12). Mit dem Mauerfall musste sich dann auch das deutsche Kino neu definieren. Im Fahrwasser des aufkommenden Privatfernsehens zeichnet der Filmkritiker Rüdiger Suchsland ein dunkles, von platten Komödien wie MANTA, MANTA (Wolfgang Büld, D 1991) dominiertes Bild der deutschen Filmindustrie ab 1990 (vgl. Suchsland 2012, 47 ff.). Als eine prägende Schlüsselfigur für das kommerzielle Kino zeigte sich dabei Bernd Eichinger und seine Produktionsfirma *Constantin* (vgl. Grass 2014, 214 ff.). Produzierte Eichinger anfangs der 1970er-Jahre noch Filme Alexander Kluges oder Wim Wenders', so orientierte er sich ab den 1980er-Jahren an Hollywood und feierte mit aufwändigen Filmen wie DIE UNENDLICHE GESCHICHTE (Wolfgang Petersen, D 1984) Erfolge. Wiederholt arbeitete auch Günter Rohrbach mit *Constantin* zusammen und wurde vor allem nach der Wende mit Komödien und Literaturverfilmungen zu einem der dominanten Produzenten neben Bernd Eichinger.[69]

Die durch das Internet komplexer und schneller gewordene Medienlandschaft scheint dabei ab den 2000er-Jahren eine noch deutlichere, radikalere Positionierung zu verlangen. Die verhaltene Rezeption und der im Verhältnis zum Aufwand gemessene Misserfolg von Heinrich Breloers BUDDENBROOKS steht dabei im scharfen Kontrast zu einem Film wie der *Constantin*-Produktion DER UNTERGANG (Oliver Hirschbiegel, D 2004)[70], der durch seine provokative Vermenschlichung Adolf

---

[68] So der Produzent bei der Berlinale-Pressekonferenz (www.berlinale.de).
[69] So beispielsweise mit SCHTONK! (Helmut Dietl, D 1992) oder DIE WEISSE MASSAI (D 2005), ebenfalls von Hermine Huntgeburth, der 2005 mit über 2 Millionen Zuschauern der erfolgreichste deutsche Film auf dem einheimischen Markt war.
[70] Bernd Eichinger schrieb für DER UNTERGANG ebenfalls das Drehbuch.

Hitlers einen hitzigen Diskurs[71] auslöste und den Film zum finanziellen Erfolg machte.[72]

In diesen Kontext ordnet sich Hermine Huntgeburths (ebenfalls von *Constantin* produzierter) Film EFFI BRIEST ein, wenn sich der Produzent am modernen Medienbetrieb und seiner Konsumenten orientiert. Das neue Ende in seiner expliziten Etablierung positioniert den Film in einem unübersichtlichen Feld. Die dynamische, im schnellen Rhythmus vorgetragene Inszenierung fängt die aufwändige Szenerie ein, hebt die spektakulären Details der Handlung hervor, um gegenüber dem Roman die Ambivalenz zu reduzieren, und etabliert bereits von Beginn an die Emanzipationsgeschichte. Effi kehrt der Gesellschaft des 19. Jahrhunderts den Rücken, um sich der Gegenwart zuzuwenden. Dabei wird sie nicht nur zu einer modernen, selbstbewussten Frau umgeformt, die in den saloppen Worten des Filmmagazins *Cinema* zum Vorbild „frecher Mädchen" wird (vgl. www.cinema.de), sondern folgt auch den Aufmerksamkeitsstrategien des aktuellen Medienbetriebs. War Fontanes Figur durch die sozialen Konventionen jener Zeit handlungsunfähig, scheint Effi in der gegenwärtigen Filmlandschaft nur in einer provokativen Neuinterpretation marktfähig. Sie ist in dem Sinne erneut ein Opfer ihrer Zeit.

---

[71] Stellvertretend sei Wim Wenders' kritischer Aufsatz *Resident Evil oder das einheimische Übel. Über den Film* DER UNTERGANG (vgl. Wenders 2004, S.56) genannt, der mit seiner Anspielung auf den von Eichinger produzierten Blockbuster RESIDENT EVIL (Paul W. S. Anderson, D/USA 2002) implizit auf dessen Einfluss in der deutschen Filmlandschaft hinweist.

[72] Bei einem Budget von über 16 Millionen Euro lockte der Film nur ca. 1,200.000 Zuschauer in die Kinos. Der von Bernd Eichinger produzierte und geschriebene DER UNTERGANG hatte bei einem vergleichbaren Budget die vierfachen Zuschauerzahlen. (vgl. www.filmportal.de)

## 9. Resümee – im weiten Feld der Zeit

Genau 70 Jahre trennen Marianne Hoppes Effi Briest von der jüngsten Verkörperung durch Julia Jentsch. In fünf unterschiedlichen Zeitgefügen platzieren sich die filmischen Transformationen. Wie die Analysen der einzelnen Filme deutlich gemacht haben, lässt sich von 1939 bis 2009 keine klare Entwicklungslinie ziehen. Vielmehr wird anhand der Adaptionen von Fontanes Roman ein Zusammenspiel aus Neuerungen, Wiederholungen und Differenzen deutlich, wie es Genette im Allgemeinen für die transtextuellen Verfahren beschreibt (vgl. Genette 1993).

Wie in der Einleitung angedeutet, wurden die Parallelen und Unterschiede zwischen den Filmen sowie ihre Zeitgebundenheit im Beziehungsnetz der kulturell-geistigen, ästhetischen und medialen Anverwandlung sichtbar. In der Verbindung zum Genre des Melodramas, das als Orientierungspunkt und Bezugsrahmen fungierte, in dem sich die Adaptionen bewegen oder dessen Grenzen sie hinter sich lassen, zeigten sich die disparaten Ausformungen, besonders hinsichtlich der kulturell-geistigen und ästhetischen Aspekte, in prägnanter Form.

Für die Frage der kulturell-geistigen Anverwandlung wurde dies anhand der Mutationen der Hauptfigur am deutlichsten. Bei Gustaf Gründgens und Rudolf Jugert wandeln die Protagonistinnen auf den klassischen Spuren des Melodramas. Rainer Werner Fassbinder radikalisiert diese Anlagen, lässt seine Effi zur Figur fern jeglicher Hoffnung verkommen. Hanna Schygullas von zeitlosen Machtstrukturen fremdbestimmte Effi zerstört den Glauben auf Selbstbestimmung, welche sich Marianne Hoppe und Ruth Leuwerik in den flüchtigen Momenten der Freiheit erlauben. Die Skepsis, die Gründgens und Jugert an der Möglichkeit des eigenen Glücks teilen, weicht bei Fassbinder dem Blick auf sich immer wiederholende Strukturen und damit einem scharfen Fatalismus. Wolfgang Luderer wiederum entfernt sich dezidiert vom emotionalen Kern des Melodramas. Das Schicksal seiner

Hauptfigur wird dadurch stärker auf die Kritik am Preußentum bezogen. In Abkehr vom Melodrama und durch die Fokussierung auf ein starkes, unabhängiges Individuum reißt die Hauptfigur bei Hermine Huntgeburth die gesellschaftlichen Schranken ein, die den früheren Effis noch unüberwindbar schienen.

Wie durch die jeweiligen Analysen deutlich wurde, lassen sich die unterschiedlichen Zeichnungen der Protagonistinnen und ihre Beziehung zur Gesellschaft im Spiegel ihrer Entstehungszeit betrachten. Marianne Hoppes Effi aus dem Jahr 1939 ist der leise Versuch eines Widerstands im Angesicht des Nationalsozialismus. Rudolf Jugert stellt 1955, als Stärke und ein neues Nationalgefühl gefragt waren, eine verletzliche Hauptfigur den Vordergrund. Der Blick zurück und die Distanzierung von einem überholten Denken in Luderers Adaption deckt sich 1969 in der DDR mit der vom Staat propagierten Sichtweise auf Preußen. Der Chronist Fassbinder verbindet mit Effis Figurenzeichnung auch einen Hinweis auf die fragile deutsche Demokratie im Jahr 1974. Die erfolgreiche Selbstbehauptung der von Julia Jentsch gespielten Effi in der vorerst letzten Verfilmung scheint dabei ein populäres feministisches Bild der heutigen Zeit aufzunehmen, dass sich nicht zuletzt durch einen allgemein verstärkten Individualismus bemerkbar macht.

Das Spiel von Wiederholungen, Akzentuierungen und Differenzen wurde gleichfalls in der Ästhetik der einzelnen Filme sichtbar. Besonders für die Analyse der ersten beiden Adaptionen und Fassbinders Version diente das Melodrama erneut als aufschlussreicher Bezugspunkt, um die jeweiligen Herangehensweisen an die Vorlage herauszuarbeiten. Die dramatische Mise-en-scène, welche die inneren Gefühle und Konflikte der Figuren sinnbildlich an der Oberfläche darstellt und die Thomas Elsaesser als charakteristisch für die Melodramen bezeichnet (vgl. Elsaesser 1994, 104), zeigten sich bei Gründgens und Jugert sowie in verfremdeter Form bei Fassbinder. In den Parallelen zu oder dem spezifischen Rückgriff auf Douglas Sirk und ähnliche Melodramen der 1930er- bis 1950er-Jahre wurde auch hier eine historische Gebundenheit ablesbar. In der Betonung der melodramatischen Grundstrukturen durch die formalen Mittel zeigte sich darüber hinaus, wie die jeweiligen Anverwandlungen nicht scharf voneinander getrennt werden können, sondern vielmehr in einer Wechselbeziehung stehen. Ebenso verhält es sich bei den digitalen, von fließenden Kamerabewegungen geprägten Bildern bei Huntgeburth. Sie heben die spektakulären Details der Inszenierung hervor, reduzieren die Ambivalenz des Hypotextes und stellen dadurch die Neuausrichtung der Hauptfigur aus. In Luderers Adaption konnte eine zurückhaltende Inszenierung festgestellt werden, die sich von der dramatischen Mise-en-scène bei Jugert fortbewegt und dadurch die Aufmerksamkeit auf die explizite Kritik am Preußentum richtet.

Wie in der Einleitung angesprochen, befindet sich der Aspekt der historischen Medialität im Schnittpunkt der kulturell-geistigen und der ästhetischen Anverwandlung. In der Digitalisierung als spezifischem Element der Ästhetik bei Huntgeburths Verfilmung oder der Figurenzeichnung der Protagonistin bei Gründgens, die im Kontext der nationalsozialistischen Filmpolitik gesehen werden muss, wurde dieser Umstand deutlich. Neben filmtechnischen Aspekten, die sich entscheidend auf die Ästhetik der Filme auswirken, geriet dabei in den Analysen der Produktionskontext und dabei der politische sowie kommerzielle Druck, in dem sich die verschiedenen Effis behaupten, mit oder gegen den Strom schwimmen, in den Vordergrund: DER SCHRITT VOM WEGE nutzte für seine unterschwellige Kritik Freiräume innerhalb der kontrollierenden Mechanismen der Reichsfilmkammer. EFFI BRIEST von Wolfgang Luderer bewegt sich mit seinem Konformismus wiederum in den engen, von der SED vorgegebenen Bahnen. Kontrastierend zum politischen Druck musste sich Rudolf Jugert mit seiner Adaption im dominanten Feld des Heimatfilms behaupten. Mit seiner Hinwendung zum amerikanischen Kino und der Adaption eines Klassikers im Kontext der aufkommenden Literaturverfilmungsdebatte im Deutschland der 1970er-Jahre bestätigt Fassbinder auch mit FONTANE – EFFI BRIEST seine Sonderrolle innerhalb des Neuen Deutschen Films. In der expliziten Ausstellung der Neuinterpretation wird wiederum deutlich, wie sich Hermine Huntgeburth in der aktuellen, kompetitiven Medienlandschaft laut Gehör verschaffen musste.

Im Licht der drei Untersuchungsaspekte konnten die unterschiedlichen Herangehensweisen an den Roman herausgearbeitet werden. Es ist ein weites Feld, das sich mit den fünf Transformationen des deutschen Klassikers geöffnet hat. Mit den Bildern lernte 1895 auch Theodor Fontanes Protagonistin laufen. Im Licht der Anverwandlungen, losgelöst von ihrem literarischen Ursprung, steht Effi Briest auch ein wenig für die Wellenbewegungen des deutschen (Ton-) Films.

# 10. Filmverzeichnis

## 10.1 Untersuchungskorpus

DER SCHRITT VOM WEGE, Gustaf Gründgens, D 1939 (Privataufnahme einer Übertragung des DDR-Fernsehens).

ROSEN IM HERBST, Rudolf Jugert, BRD 1955 (DVD: Filmjuwelen, 2014).

EFFI BRIEST, Wolfgang Luderer, DDR 1969 (DVD: Matthias Film, o. J.).

FONTANE – EFFI BRIEST, Rainer Werner Fassbinder, BRD 1974 (DVD: Arrow Films, 2006).

EFFI BRIEST, Hermine Huntgeburth, D 2009 (BR: Atlantic, 2010).

## 10.2 Restlich erwähnte Filme

ABRAZOS ROTOS, LOS, Pedro Almodóvar, E 2009 (BR: Universum Film, 2010).

ALL THAT HEAVEN ALLOWS, Douglas Sirk, USA 1956 (BR: The Criterion Collection, 2014).

ANGST ESSEN SEELE AUF, Rainer Werner Fassbinder, BRD 1974 (DVD: Arrow Films, 2006).

AUF WIEDERSEHN, FRANZISKA!, Helmut Käutner, D 1941 (DVD: Bob Media, 2008).

BERLIN – ECKE SCHÖNHÄUSER, DDR 1957 (DVD: Icestorm, 2005).

BIGGER THAN LIFE, Nicholas Ray, USA 1956 (BR: The Criterion Collection, 2010).

BROKEBACK MOUNTAIN, Ang Lee, USA 2005 (BR: Universum Film GmbH, 2009).

BROKEN BLOSSOMS OR THE YELLOW MAN AND THE GIRL, D. W. Griffith, USA 1919 (DVD: Image Entertainment, 1999).

BUDDENBROOKS, Alfred Weidenmann, BRD 1959 (DVD: Kinowelt, 2007).

BUDDENBROOKS, Heinrich Breloer, D 2009 (BR: Warner Home Video, 2009).

CAPRIOLEN, Gustaf Gründgens, D 1937 (DVD: Seminar für Filmwissenschaft – Universität Zürich, 2009).

DIE HARD, John McTiernan, USA 1988 (BR: Twentieth Century Fox, 2013).

DIVINE, Max Ophüls, F 1935 (DVD: René Château Vidéo, 2012).

ENFANTS DU PARADIS, LES, Marcel Carné, F 1945 (BR: Second Sight Films, 2012).

FACK JU GÖHTE 2, Bora Dağtekin, D 2015 (BR: Constantin Film, 2016).

FAR FROM HEAVEN, Todd Haynes, USA 2002 (DVD: Universal, 2003).

FILM OHNE TITEL, Rudolf Jugert, BRD 1948 (VHS: Seminar für Filmwissenschaft – Universität Zürich, 2000).

GRÜN IST DIE HEIDE, Hans Deppe, BRD 1951 (DVD: Filmjuwelen, 2013).

HABANERA, LA, Douglas Sirk, D 1937 (DVD: Universum Film, 2005).

HONG DENG LONG GAO GAO GUA, Zhang Yimou, CHN 1991 (BR: KSM Klassiker, 2013).

HONIG IM KOPF, Til Schweiger, D 2014 (BR: Warner Home Video, 2015).

ICH WAR NEUNZEHN, Konrad Wolf, DDR 1968 (DVD: Icestorm, 2006).

IN JENEN TAGEN, Helmut Käutner, BRD 1947 (DVD: Kinowelt Home Entertainment, 2006).

JAGDSZENEN AUS NIEDERBAYERN, Peter Fleischmann, BRD 1969 (BR: Euro Video, 2012).

JAKOB DER LÜGNER, Frank Beyer, DDR 1975 (DVD: Seminar für Filmwissenschaft – Universität Zürich, 2014).

JOURNAL D'UN CURÉ DE CAMPAGNÉ, Robert Bresson, F 1951 (DVD: The Criterion Collection, 2014).

JUD SÜSS, Veit Harlan, D 1940 (DVD: International Historic Films, 2008).

KANINCHEN BIN ICH, DAS, Kurt Maetzig, DDR 1965 (DVD: Icestorm, 2009).

KARLA, Herrmann Zschoche, DDR 1965 (DVD: Seminar für Filmwissenschaft – Universität Zürich, 2004).

KATZELMACHER, Rainer Werner Fassbinder, BRD 1969 (DVD: Studiocanal, 2009).

KÖNIGLICHE HOHEIT, Harald Braun, BRD 1953 (DVD: Kinowelt, 2007).

LANDÄRZTIN, DIE, Paul May, BRD 1958 (DVD: Seminar für Filmwissenschaft – Universität Zürich, o. J.).

LEGENDE VON PAUL UND PAULA, DIE, Heiner Carow, DDR 1973 (DVD: Icestorm Entertainment, 2002).

LIEBELEI, Max Ophüls, D 1933 (DVD: Seminar für Filmwissenschaft – Universität Zürich, 2007).

LILI MARLEEN, Rainer Werner Fassbinder, BRD 1981 (DVD: Kinowelt, 2003).

LOLA, Rainer Werner Fassbinder, BRD 1981 (DVD: The Criterion Collection, 2003).

MAGNIFICENT OBSESSION, Douglas Sirk, USA 1954 (DVD: The Criterion Collection, 2008).

MANTA, MANTA, Wolfgang Büld, D 1991 (DVD: Constantin, 2009).

MAURICE, James Ivory, GB 1987 (DVD: Studiocanal, 2009).

MEINEIDBAUER, DER, Rudolf Jugert, BRD 1956 (DVD: Filmjuwelen, 2013).

MONOLOG EINES TAXIFAHRERS, Günter Stahnke, DDR 1962.

OPENING NIGHT, John Cassavetes, USA 1977 (BR: Concorde, 2012).

PAISÀ, Roberto Rossellini, I 1946 (DVD: The Criterion Collection, 2009).

PSYCHO, Alfred Hitchcock, USA 1960 (BR: Universal, 2010).

PSYCHO, Gus van Sant, USA 1998 (DVD: Universal, 2004).

REBECCA, Alfred Hitchcock, USA 1940 (BR: Great Movies GmbH, 2015).

RESIDENT EVIL, Paul W. S. Anderson, D/USA 2002, (BR: Constantin, 2007).

ROMANZE IN MOLL, Helmut Käutner, D 1943 (DVD: Bob Media, 2008).

SCHTONK, Helmut Dietl, D 1992 (BR: EuroVideo Medien GmbH, 2016).

SCHWARZWALDMÄDEL, Hans Deppe, BRD 1950 (DVD: Seminar für Filmwissenschaft – Universität Zürich, 2007).

SISSI, Ernst Marischka, A 1955 (BR: Studiocanal, 2011).

SPUR DER STEINE, Frank Beyer, DDR 1966 (DVD: Icestorm, 2002).

TANZ AUF DEM VULKAN, Hans Steinhoff, D 1938 (DVD: Universum Film, 2005).

TARNISHED ANGELS, Douglas Sirk, USA 1957 (BR: Koch Media, 2014).

TITANIC, James Cameron, USA 1998 (3D-BR: Twentieth Century Fox, 2012).

TODO SOBRE MI MADRE, Pedro Almodóvar, E 1999 (BR: Concorde, 2010).

DIE TRAPP-FAMILIE, Wolfgang Liebeneiner, BRD 1956 (DVD: Studiocanal, 2013).

TRIUMPH DES WILLENS, Leni Riefenstahl, D 1935 (DVD: Synapse Films, 2006).

UNENDLICHE GESCHICHTE, DIE, Wolfgang Petersen, D 1984 (BR: Constantin, 2013).

UNTERGANG, DER, Oliver Hirschbiegel, D 2004 (BR: Constantin, 2009).

UNTERTAN, DER, Wolfgang Staudte, DDR 1951 (DVD: Icestorm, 2002).

WEISSE MASSAI, DIE, Hermine Huntgeburth, D 2005 (DVD: Constantin Film, 2006).

WOMAN UNDER THE INFLUENCE, John Cassavetes, USA 1974 (BR: Concorde, 2012).

WRITTEN ON THE WIND, Douglas Sirk, USA 1956 (DVD: The Criterion Collection, 2001).

ZU NEUEN UFERN, Douglas Sirk, D 1937 (DVD: Universum Film, 2005).

# 11. Bibliografie

## 11.1 Monografien/Aufsätze

Agde, Günter (1991): Kahlschlag: das 11. Plenum des ZK der SED 1965: Studien und Dokumente. Berlin: Aufbau-Taschenbuch-Verlag.

Albrecht, Gerd (1969): Nationalsozialistische Filmpolitik: eine soziologische Untersuchung über die Spielfilme des Dritten Reichs. Stuttgart: F. Enke Verlag.

Baer, Hester (2012): „Ilse Kubaschewski founds Gloria-Filmverleih, sets the course of popular West German Film". In: Jennifer M. Kapczynski, Michael D. Richardson (Hg.), S. 328–333.

Bandmann, Christa, Joe Hembus (1980): Klassiker des deutschen Tonfilms. 1930–1960. München: Wilhelm Goldmann.

Bathrick, David (2012): „*Sissi* Trilogy Bridges Hapsburg to Hollywood through Hybrid Blend of Film Genres". In: Jennifer M. Kapczynski, Michael D. Richardson (Hg.), S. 353–358.

Baudry, Jean-Louis et al. (Hg.) (1971): Die Demaskierung der bürgerlichen Kulturideologie: Marxismus, Psychoanalyse, Strukturalismus. München: Kindler.

Bazin, André (2009): „Für ein unreines Kino. Plädoyer für die Literaturverfilmung" [frz. 1952]. In: Robert Fischer (Hg.): Was ist Film?. Berlin: Alexander Verlag, S. 110–138.

Berling, Peter (1995): Die 13 Jahre des Rainer Werner Fassbinder. Bergisch Gladbach: Lübbe Verlag.

Beutelschmidt, Thomas (2009): Kooperation oder Konkurrenz? Das Verhältnis zwischen Film und Fernsehen in der DDR. Berlin: DEFA-Stiftung.

Beutelschmidt, Thomas (2013): „Grenzüberschreitung intern. Die Zusammenarbeit zwischen der DEFA und dem DDR-Fernsehen. In: Michael Wedel et al. (Hg.): DEFA international. Grenzüberschreitende Filmbeziehungen vor und nach dem Mauerbau. Wiesbaden: Springer VS, S. 93–112.

Biener, Joachim (1981): „Zur Aneignung von Fontanes Epik durch Film und Fernsehen". In: Fontane-Blätter 32, S. 713–728.

Bliersbach, Gerhard (2014): Nachkriegskino: eine Psychohistorie des westdeutschen Nachkriegsfilms 1946–1963. Gießen: Psychosozial-Verlag.

Bluestone, George (1973): Novels into Film. University of California Press: Los Angeles.

Bohnenkamp, Anne (Hg.) (2005): Literaturverfilmungen. Stuttgart: Reclam Verlag.

Brecht, Bertolt (1967): „Kleines Organon für das Theater". In. Ebd.: Gesammelte Werke. Frankfurt am Main: Suhrkamp Verlag, S. 659–708.

Brocher, Corinna (1972): „Nur wer Leier spielt, lernt Leier spielen". In: Robert Fischer (Hg.), S. 243–256.

Brooks, Peter (1994): „Die melodramatische Imagination". In: Christian Cargnelli, Michael Palm (Hg.), S. 35–64.

Camper, Fred (1971): „The Films of Douglas Sirk". In: Screen, Vol. 12, Nr. 2, Sommer 1971, S. 44–62.

Cargnelli, Christian, Michael Palm (Hg.) (1994): Und immer wieder geht die Sonne auf. Texte zum Melodramatischen im Film. Wien: PVS Verleger.

Cartmell, Deborah, Imelda Whelehan (2010): Screen Adaptation. Impure Cinema. London: Palgrave Macmillan.

Cornelsen, Peter (1980): Helmut Käutner: seine Filme, sein Leben. München: Wilhelm Heyne Verlag.

Courtade, Francis, Pierre Cadars (1975): Geschichte des Films im Dritten Reich. München: Hanser.

Drewniak, Boguslaw (1987): Der deutsche Film 1938–1945: ein Gesamtüberblick. Düsseldorf: Droste Verlag.

Druxman, Michael B. (1975): Make it Again, Sam. A Survey of Movie Remakes. London: Gazelle Book Services.

Duden. Das Fremdwörterbuch (1997). Hg. v. Werner Scholze-Stubenrecht. Mannheim: Dudenverlag.

Elsaesser, Thomas (1994): „Tales of Sound and Fury: Anmerkungen zum Familienmelodram" [engl. 1972]. In: Christian Cargnelli, Michael Palm (Hg.), S. 93–127.

Elsaesser, Thomas (2008): „Melodrama: Genre, Gefühl oder Weltanschauung?". In: Margrit Fröhlich et al. (Hg.): Das Gefühl der Gefühle. Zum Kinomelodram. Marburg: Schüren Verlag, S. 11–34.

Elsaesser, Thomas (2012): Rainer Werner Fassbinder. Berlin: Bertz + Fischer Verlag.

Fassbinder, Rainer Werner (1992): „Imitation of Life. Über Douglas Sirk". In: Ebd. (Hg.): Filme befreien den Kopf: Essays und Arbeitsnotizen. Frankfurt am Main: Fischer Taschenbuch Verlag, S. 11–24.

Fischer, Daniela (2011): Fontanes „Effi Briest" auf der Leinwand – Eine Eltern-Kind-Beziehung im Wandel der Zeit. Universität Augsburg: Magisterarbeit.

Fischer, Robert (Hg.) (2004): Fassbinder über Fassbinder. Die ungekürzten Interviews. Frankfurt am Main: Verlag der Autoren.

Fontane, Theodor (2006): Irrungen, Wirrungen [1888], Hg. v. Helmuth Nürnberger. München: Deutscher Taschenbuch Verlag.

Fontane, Theodor (2011): Effi Briest [1895], Hg. v. Helmuth Nürnberger. München: Deutscher Taschenbuch Verlag.

Garncarz, Joseph (1993): „Hollywood in Germany. Die Rolle des amerikanischen Films in Deutschland: 1925–1990". In: Uli Jung (Hg.): Der deutsche Film: Aspekte seiner Geschichte von den Anfängen bis zur Gegenwart. Trier: Wissenschaftlicher Verlag Trier, S. 167–197.

Gast, Wolfgang (Hg.) (1999): Literaturverfilmung. Bamberg: C. C. Buchner Verlag.

Genette, Gérard (1993): Palimpseste: die Literatur auf zweiter Stufe [frz. 1982]. Frankfurt am Main: Suhrkamp Verlag.

Gersch, Wolfgang (2004): „Film in der DDR". In: Wolfgang Jacobsen et al. (Hg.), S. 357–404.

Goebbels, Joseph (2008): Tagebücher [1923–1945], Hg. v. Angela Hermann, Florian Dierl. München: Saur Verlag.

Göttler, Fritz (2004): „Westdeutscher Nachkriegsfilm". In: Wolfgang Jacobsen et al. (Hg.), S. 167–206.

Grant, Jacques (1974): „Der Sinn der Realität". In: Robert Fischer (Hg.), S. 313–330.

Gras, Pierre (2014): Good Bye, Fassbinder! Der deutsche Kinofilm seit 1990. Berlin: Alexander Verlag.

Grob, Norbert (2001): „Immer das gleiche, nur immer anders. Zur Typologie des Remakes". In: Jürgen Felix et al. (Hg.): Die Wiederholung. Marburg: Schüren Verlag, S. 335–346.

Grob, Norbert et al. (Hg.) (2012): Neuer Deutscher Film. Stilepochen des Films. Stuttgart: Reclam Verlag.

Halliday, Jon (1971): Sirk on Sirk. London: Secker & Warburg.

Hartmann, Britta (2009): Aller Anfang. Zur Initialphase des Spielfilms. Marburg: Schüren Verlag.

Hembus, Joe (1981): Der deutsche Film kann gar nicht besser sein. Ein Pamphlet von gestern, eine Abrechnung von heute. München: Rogner und Bernhard.

Hobsch, Manfred (2010): Film im „Dritten Reich": Alle Deutschen Spielfilme von 1933 bis 1945. Berlin: Schwarzkopf & Schwarzkopf.

Hoff, Peter (1991): „Das 11. Plenum und der Deutsche Fernsehfunk". In: Günter Agde (Hg.), S. 105–116.

Höfig, Willi (1973): Der deutsche Heimatfilm 1947–1960. Stuttgart: Enke Verlag.

Horton, Andrew, Stuart Y. McDougal (Hg.) (1998): Play it Again, Sam. Retakes on Remakes. Los Angeles: University of California Press.

Jacobsen, Wolfgang et al. (Hg.) (2004): Geschichte des Deutschen Films. Stuttgart: Verlag J. B. Metzler.

Jaspers, Kristina (2004): „Liebenswürdigkeit und heiterer Charme. Ruth Leuwerik ist Effi Briest". In: Peter Mänz (Hg.), S. 23–32.

Kalmus, Natalie M. (1935): „Color Consciousness". In: Journal of the Society of Motion Picture Engineers, 25.2. 1935, S. 139–147.

Kapczynski, Jennifer M., Michael D. Richardson (Hg.) (2012): A New History of German Cinema. Rochester: Camden House.

Kappelhoff, Hermann (2008): Matrix der Gefühle: Das Kino, das Melodrama und das Theater der Empfindsamkeit. Berlin: Vorwerk 8.

Kappelhoff, Hermann (2010): „Film und Schauspielkunst: Fassbinder und Brecht". In: Stefan Keppler-Taski, Fabienne Liptay (Hg.): Grauzonen. Positionen zwischen Literatur und Film 1910–1960. München: Richard Boorberg Verlag, S. 257–276.

Knoth, Nikola (1991): „Das 11. Plenum – Wirtschafts- oder Kulturplenum?". In: Günter Agde (Hg.), S. 64–70.

Kramer, Thomas, Dominik Siegrist (1991): Terra. Ein Schweizer Filmkonzern im Dritten Reich. Zürich: Chronos Verlag.

Krausse, Anna-Carola (2005): Geschichte der Malerei von der Renaissance bis heute. Potsdam: H. F. Ullmann.

Kreimeier, Klaus (2002): Die Ufa-Story: Geschichte eines Filmkonzerns. Frankfurt am Main: Fischer Taschenbuch Verlag.

Kreuzer, Helmut (1999): „Arten der Literaturadaption". In: Wolfgang Gast (Hg.), S. 27–31.

Kristeva, Julia (1971a): „Die Semiologie – kritische Wissenschaft und/oder Wissenschaftskritik". In: Jean-Louis Baudry et al. (Hg.), S. 21–35.

Kristeva, Julia (1971b): „Probleme der Textstrukturierung". In: Jean-Louis Baudry, et al. (Hg.), S. 135–154.

Leiser, Erwin (1968): Deutschland, erwache! Propaganda im Film des Dritten Reiches. Reinbek bei Hamburg: Rowohlt Verlag.

Lenssen, Claudia (2004): „Film der siebziger Jahre". In: Wolfgang Jacobsen et al. (Hg.), S. 245–280.

Lessing, Gotthold Ephraim (1994): Laokoon oder über die Grenzen der Malerei und Poesie [1766]. Stuttgart: Reclam Verlag.

Lohmeier, Anke-Marie (1989): „Symbolische und allegorische Rede im Film. Die ‚Effi Briest'-Filme von Gustaf Gründgens und Rainer Werner Fassbinder". In: Theodor Fontane. Hg. v. Heinz Ludwig Arnold. München: Edition Text und Kritik, S. 229–241.

Manderbach, Jochen (1988): Das Remake – Studien zu seiner Theorie und Praxis. Siegen: Forschungsschwerpunkt Massenmedien und Kommunikation.

Mann, Thomas (1986): „Anzeige eines Fontane-Buches" [1919]. In: Ebd.: Aufsätze, Reden, Essays – Band 3. Berlin: Aufbau Verlag, S. 23–35.

Mänz, Peter (2004): „Objekte eines Stars". In: Ebd. (Hg.), S. 41–56.

Mänz, Peter (Hg.) (2004): Die ideale Frau: Ruth Leuwerik und das Kino der fünfziger Jahre. Berlin: Henschel Verlag.

Mercer, John, Martin Shingler (2004): Melodrama. Genre, Style, Sensibility. London, New York: Wallflower.

Mitscherlich, Alexander, Margarete Mitscherlich (1967): Die Unfähigkeit zu trauern. Grundlagen kollektiven Verhaltens. München: Piper Verlag.

Mittenzwei, Werner (1991): „Zur Kafka-Konferenz 1963". In: Günter Agde (Hg.), S. 84–92.

Mulvey, Laura, Jon Halliday (1972): Douglas Sirk. Edinburgh: Edinburgh Film Festival.

Mundt, Michaela (1994): Transformationsanalyse. Methodologische Probleme der Literaturverfilmung. Tübingen: Max Niemeyer Verlag.

Neale, Steve (2000): Genre and Hollywood. London: Routledge.

Nowell-Smith, Geoffrey (1977): „Minnelli and Melodrama". In: Screen, Vol. 18, Nr. 2, Sommer 1977, S. 113–118.

Paech, Joachim (1997): Literatur und Film. Stuttgart: Metzler.

Palm, Michael (1994): „Was das Melos mit dem Drama macht. Ein musikalisches Kino". In: Christian Cargnelli, Michael Palm (Hg.), S. 211–234.

Prokosch, Mike (1972): „Imitation of Life". In: Laura Mulvey, Jon Halliday (Hg.), S. 89–93.

Rabenalt, Arthur Maria (1978): Film im Zwielicht: über den unpolitischen Film des dritten Reiches und die Begrenzung des totalitären Anspruchs. Hildesheim: Olms.

Rathkolb, Oliver (1991): Führertreu und gottbegnadet: Künstlereliten im Dritten Reich. Wien: ÖBV.

Rentschler, Eric (Hg.) (1986): German Film & Literature. Adaptations and Transformations. New York: Methuen.

Richardson, Robert (1972): Literature and Film. Bloomington: Indiana University Press.

Riess, Curt (1965): Gustaf Gründgens: eine Biographie. Hamburg: Hoffmann und Campe.

Romani, Cinzia (1982): Die Filmdivas des Dritten Reiches. München: Bahia.

Schatz, Thomas (1981): Hollywood Genres. Formulas, Filmmaking, and the Studio System. New York: Random House.

Schmid, Eva M. J. (1999): „War Effi Briest blond?". In: Wolfgang Gast (Hg.), S. 75–99.

Schneider, Irmela (1981): Der verwandelte Text. Wege zu einer Theorie der Literaturverfilmung. Tübingen: Max Niemeyer Verlag.

Schrader, Paul (1995): „Notes on Film Noir". In: Keith Grant (Hg.): Film Genre Reader II. Austin: University of Texas Press, S. 213–226.

Seidl, Claudius (1987): Der deutsche Film der fünfziger Jahre. München: Wilhelm Heyne Verlag.

Sparrow, Norbert (1977): „Ich lasse die Zuschauer fühlen und denken". In: Robert Fischer (Hg.), S. 405–414.

Suchsland, Rüdiger (2012): „Die Nullerjahre: zwischen Stagnation und Innovation? Zur Entwicklung des deutschen Kinos im neuen Jahrtausend". In: Chris Eschhofen, Linda Kujawski (Hg.): Die Nullerjahre. Zwischen Stagnation und Innovation. Marburg: Schüren Verlag, S. 47–73.

Terhechte, Christoph (2014): „Vorwort". In: Pierre Gras (Hg.), S. 11–19.

Thomsen, Christian Braad (1974): „Ich will, dass man diesen Film liest". In: Robert Fischer (Hg.), S. 301–312.

Thoreau, Henry David (2004): Walden [1854]. Hg. v. Jeffrey S. Cramer. New Haven: Yale University Press.

Trimborn, Jürgen (1998): Der deutsche Heimatfilm der fünfziger Jahre: Motive, Symbole und Handlungsmuster. Köln: Teiresias Verlag.

Truffaut, François (1964): „Eine gewisse Tendenz im französischen Film" [frz. 1954]. In: Theodor Kotulla (Hg.): Der Film. Manifeste, Dokumente, Gespräche. Band 2: 1945 bis heute. München: Piper Verlag, S. 165–192.

Truffaut, François (2003): Mr. Hitchcock, wie haben Sie das gemacht? München: Wilhelm Heyne Verlag.

Villmar-Doebeling, Marion (2005): „Effi Briest". In: Anne Bohnenkamp (Hg.), S. 136–144.

Volk, Stefan (2010): Film lesen: ein Modell zum Vergleich von Literaturverfilmungen mit ihren Vorlagen. Marburg: Tectum.

von Moltke, Johannes (2005): No Place Like Home. Locations of Heimat in German Cinema. Berkeley: University of California Press.

Wenders, Wim (2004): „Resident Evil oder das einheimische Übel. Über den Film Der Untergang". In: Neue Deutsche Literatur, Band 52, Nr. 562, Dezember 2004, S. 56–70.

Wiegand, Wilfried (1974): „Ich weiss über nichts als über den Menschen Bescheid". In: Robert Fischer (Hg.), S. 273–300.

Willemen, Paul (1971): „Distanciation and Douglas Sirk". In Screen, Vol. 12, Nr. 2, Sommer 1971, S. 63–67.

Willemen, Paul (1972): „Towards an Analysis of the Sirkian System". In: Screen, Vol. 13, Nr. 4, Winter 1972, S. 128–134.

Witte, Karsten (2004): „Film im Nationalsozialismus". In: Wolfgang Jacobsen et al. (Hg.), S. 117–166.

Wrage, Henning (2008): Die Zeit der Kunst: Literatur, Film und Fernsehen in der DDR der 1960er Jahre: Eine Kulturgeschichte in Beispielen. Heidelberg: Winter.

## 11.3 Zeitungsartikel / Internetquellen

Berlinale (2009): Pressekonferenz zu Effi Briest, 8.2.2009. URL: https://www.berlinale.de/de/archiv/jahresarchive/2009/02_programm_2009/02_Film datenblatt_2009_20090043.php#tab=filmStills) (Zugriff am 5.4.2015).

Choices (o. J.): Effi Briest. URL: https://www.choices.de/film/effi-briest-2008/forum (Zugriff am 12.6.2017).

Cinema (o. J.): Effi Briest. URL: http://www.cinema.de/film/effi-briest,3495092.html (Zugriff am 12.6.2017).

Daney, Serge, Jean-Louis Noames: „Entretien avec Douglas Sirk". In: Cahiers du cinéma, Nr. 189, April 1967.

Emmrich, Julia: „Effi Briest bekommt eine neue Identität". In: Westfälische Rundschau, 11.2.2009.

Filmbewertungsstelle (2009): Effi Briest: Prädikat wertvoll. URL: http://www.fbw-filmbewertung.com/uploads/fbwdb_film/infopdf/2bf823571f9b3fc02f879d453f5089695aa3a6bc.pdf. (Zugriff am 16.6.2017).

Filmförderungsanstalt (o. J.): Kinoergebnisse Übersicht. URL: http://www.ffa.de/kinoergebnisse-uebersicht.html (Zugriff am 20.6.2017).

Filmportal (o. J.): Buddenbrooks. URL: http://www.filmportal.de/film/budd enbrooks_cd537962730d4cafac4d58bfa800a51e (Zugriff am 31.3.2015).

Greiner, Ulrich: „Effis erster Orgasmus". In: Die Zeit, 12.02.2009.

Greiner, Ulrich: „Fontanes Bitterkeit oder Angstapparat aus Kalkül. Drei Versuche, ‚Effi Briest' zu verfilmen". In: Frankfurter Allgemeine Zeitung, 26.10.1974.

Koll, Horst Peter: „Effi Briest". In: Filmdienst, Nr. 4, 2009.

Marker, Chris: „Siegfried et les Argousins – ou le cinéma allemand dans les chaînes" In: Cahiers du cinéma, Nr. 4, Juli/August 1951.

Martenstein, Harald: „Zehn Minuten mit ... Effi Briest". In: Der Tagesspiegel, 12.2.2009.

Moviepilot (o. J.): Effi Briest. URL: http://www.moviepilot.de/movies/effi-2 (Zugriff am 18.6.2017).

Musée d'Orsay (o. J.): Le déjeuner sur l'herbe. URL: http://www.musee-orsay.fr /fr/collections/oeuvres-commentees/recherche/commentaire/commenta ire_id/le-dejeuner-sur-lherbe-7123.html?no_cache=1 (Zugriff am 28.3.2015).

o. A.: „Det greift ans Herz". In: Der Spiegel, 23.1.1957.

o. A.: „Eine Totgeburth [sic!]? – Der neue Effi-Briest-Film". In: derclownfisch, 24.10.2009. URL: http://derclownfisch.myblog.de/derclownfisch/art/67 42520/Eine-Totgeburth-Der-neue-Effi-Briest-Film (Zugriff am 16.6.2017).

o. A.: „Neu in Deutschland". In: Der Spiegel, 30.11.1955.

o. A.: „Rosen im Herbst". In: Evangelischer Filmbeobachter, Kritik Nr. 916/1955.

Sander, Daniel: „Romanverfilmung ‚Effi Briest': Ey Alter, ich bin kein Opfer!". In: Der Spiegel, 12.02.2009.

Schulz, Eva: „Effi Briest". hurra-blog, 26.3.2009. URL: http://www.hurra-blog. de/effi-briest/ (Zugriff am 21.6.2017).

Schütte, Wolfram: „Unser Balzac ist tot". In: Frankfurter Rundschau, 11.6.1982.

Suchsland, Rüdiger: „Buddenbrooks". In: Filmdienst, Nr. 26, 2008.

Violet, Franziska: „Treibhausrosen im Herbst". In: Süddeutsche Zeitung, 25.11.1955.

Wenders, Wim: „Kritischer Kalender". In: Filmkritik, Nr. 12, 1969.

Wichert, Ernst (1871): Ein Schritt vom Wege. Eduard Blochs Volkstheater Nr. 45. URL: https://lesen.amazon.de/?asin=B00R8PMW0G (Zugriff am 18.1.2015).

# FILM- UND MEDIENWISSENSCHAFT

Herausgegeben von Irmbert Schenk und Hans Jürgen Wulff

ISSN 1866-3397

1    *Oliver Schmidt*
     Leben in gestörten Welten
     Der filmische Raum in David Lynchs *Eraserhead*, *Blue Velvet*, *Lost Highway* und *Inland Empire*
     ISBN 978-3-89821-806-1

2    *Indra Runge*
     Zeit im Rückwärtsschritt
     Über das Stilmittel der chronologischen Inversion in *Memento*, *Irréversible* und *5 x 2*
     ISBN 978-3-89821-840-5

3    *Alina Singer*
     Wer bin ich? Personale Identität im Film
     Eine philosophische Betrachtung von *Face/Off*, *Memento* und *Fight Club*
     ISBN 978-3-89821-866-5

4    *Florian Scheibe*
     Die Filme von Jean Vigo
     Sphären des Spiels und des Spielerischen
     ISBN 978-3-89821-916-7

5    *Anna Praßler*
     Narration im neueren Hollywoodfilm
     Die Entwürfe des Körperlichen, Räumlichen und Zeitlichen in *Magnolia*, *21 Grams* und *Solaris*
     ISBN 978-3-89821-943-3

6    *Evelyn Echle*
     Danse Macabre im Kino
     Die Figur des personifizierten Todes als filmische Allegorie
     ISBN 978-3-89821-939-6

7    *Miriam Grossmann*
     Soziale Figurationen und Selbstentwürfe
     Schauspieler und Figureninszenierung in Eric Rohmers *Pauline am Strand*, *Vollmondnächte* und *Das grüne Leuchten*
     ISBN 978-3-89821-944-0

8    *Peter Klimczak*
     40 Jahre ‚Planet der Affen'
     Zeitgeist- und Reihenkompatibilität – über Erfolg und Misserfolg von Adaptionen
     ISBN 978-3-89821-977-8

9    *Ingo Lehmann*
     Ziellose Bewegungen und mediale Selbstauflösung
     Das absurde «Genrefilm-Theater» Monte Hellmans
     ISBN 978-3-89821-917-4

10   *Gerd Naumann*
     **Der Filmkomponist Peter Thomas**
     Von Edgar Wallace und Jerry Cotton zur Raumpatrouille Orion
     ISBN 978-3-8382-0003-3

11   *Anja-Magali Bitter*
     **Die Inszenierung des Realen**
     Entwicklung und Perzeption des neueren französischen Dokumentarfilms
     ISBN 978-3-8382-0066-8

12   *Martin Hennig*
     **Warum die Welt Superman nicht braucht**
     Die Konzeption des Superhelden und ihre Funktion für den Gesellschaftsentwurf in US-amerikanischen Filmproduktionen
     ISBN 978-3-8382-0046-0

13   *Esther Lulaj*
     **Nimm (nicht) ab!**
     Zur Funktion des Telefons im Spielfilm – Von Metropolis bis Matrix
     ISBN 978-3-8382-0125-2

14   *Boris Rozanski*
     **Das ungleiche Liebespaar in der 'Screwball Comedy'**
     Paarbildung und Selbstfindung von Frank Capras *It Happened One Night* bis zu Jonathan Demmes *Something Wild*
     ISBN 978-3-8382-0145-0

15   *Carolin Lano*
     **Die Inszenierung des Verdachts**
     Überlegungen zu den Funktionen von TV-mockumentaries
     ISBN 978-3-8382-0214-3

16   *Christine Piepiorka*
     **LOST in Narration**
     Narrativ komplexe Serienformate in einem transmedialen Umfeld
     ISBN 978-3-8382-0181-8

17   *Daniela Olek*
     **LOST und die Zukunft des Fernsehens**
     Die Veränderung des seriellen Erzählens im Zeitalter von *Media Convergence*
     ISBN 978-3-8382-0174-0

18   *Eleonóra Szemerey*
     **Die Botschaft der grauen Wand**
     Über die Vermittlung von Hoffnung und Hoffnungslosigkeit in Aki Kaurismäkis Verlierer-Filmen
     ISBN 978-3-8382-0222-8

19   *Florian Plumeyer*
     **Sadismus und Ästhetisierung**
     Folter als kultureller und filmischer Exzess im Gegenwartskino
     ISBN 978-3-8382-0188-7

20   *Jonas Wegerer*
     **Der nahe Fremde: Der amerikanische Western in den Kinos der Bundesrepublik Deutschland (1948-1960)**
     Eine rezeptionshistorische Analyse
     ISBN 978-3-8382-0307-2

21  *Peter Podrez*
    Der Sinn im Untergang
    Filmische Apokalypsen als Krisentexte im atomaren und ökologischen Diskurs
    ISBN 978-3-8382-0254-9

22  *Yvonne Augustin*
    Episodisches Erzählen im Film
    Alejandro González Iñárritus Filmtrilogie AMORES PERROS, 21 GRAMS und BABEL
    ISBN 978-3-8382-0335-5

23  *Julia Steimle*
    Fiktive Realität – reale Fiktion
    Realitätsebenen und ihre Integration im Hollywood-Backstage-Musical, untersucht anhand von THE BROADWAY MELODY, GOLD DIGGERS OF 1933, THE BAND WAGON, ALL THAT JAZZ und MOULIN ROUGE!
    ISBN 978-3-8382-0319-5

24  *Jana Heberlein*
    Die Neue Berliner Schule
    Zwischen Verflachung und Tiefe: Ein ästhetisches Spannungsfeld in den Filmen von Angela Schanelec
    ISBN 978-3-8382-0407-9

25  *Karoline Stiefel*
    Geistesblitze und Genialität – Bilder aus dem Gehirn des Detektivs
    Die Visualisierung von Imagination in den TV-Serien SHERLOCK und HOUSE, M.D.
    ISBN 978-3-8382-0522-9

26  *Stephanie Boniberger*
    Musical in Serie
    Von Buffy bis Grey's Anatomy: Über das reflexive Potential der special episodes amerikanischer TV-Serien
    ISBN 978-3-8382-0492-5

27  *Phillip Dreher*
    Morin und der Film als Spiegel
    Eine theoriegeschichtliche Verortung der Filmtheorie von Edgar Morin
    ISBN 978-3-8382-0486-4

28  *Marlies Klamt*
    Das Spiel mit den Möglichkeiten
    Variantenfilme – Zwischen Multiperspektivität und Chaostheorie
    ISBN 978-3-8382-0811-4

29  *Ralf A. Linder*
    Zwischen Propaganda und Anti-Kriegsbotschaft:
    Die Darstellung des Krieges im US-amerikanischen Spielfilm als Indikator gesellschaftlichen Wandels
    ISBN 978-3-8382-0750-6

30  *Jana Zündel*
    An den Drehschrauben filmischer Spannung
    Zeit und Raum bei Alfred Hitchcock.
    Verzögerungen und Deadlines, klaustrophobische und expansive Räume
    ISBN 978-3-8382-0940-1

31 *Seraina Winzeler*
**Filme zwischen Spur und Ereignis**
Erinnerung, Geschichte und ihre Sichtbarmachung im Found-Footage-Film
ISBN 978-3-8382-0414-7

32 *Tobias Dietrich*
**Filme für den Eimer**
Das Experimentalkino von Klaus Telscher
ISBN 978-3-8382-1094-0

33 *Silvana Mariani*
*O Canto do Mar:* **Die Ästhetisierung von Realität?**
Reflexionen über den Realismus bei Alberto Cavalcanti
ISBN 978-3-8382-1100-8

34 *Marius Kuhn*
**Im weiten Feld der Zeit: Die filmischen Transformationen des Romans** *Effi Briest*
ISBN 978-3-8382-1141-1

# Sie haben die Wahl:

Bestellen Sie die Schriftenreihe
*Film- und Medienwissenschaft*
**einzeln** oder im **Abonnement**

per E-Mail: vertrieb@ibidem-verlag.de | per Fax (0511/262 2201)
als Brief (*ibidem*-Verlag | Leuschnerstr. 40 | 30457 Hannover)

---

**Bestellformular**

☐ Ich abonniere die Schriftenreihe *Film- und Medienwissenschaft* ab Band # _____

☐ Ich bestelle die folgenden Bände der Schriftenreihe *Film- und Medienwissenschaft*
# ____; ____; ____; ____; ____; ____; ____; ____; ____; ____

**Lieferanschrift:**

Vorname, Name .................................................................

Anschrift .........................................................................

E-Mail.................................... | Tel.: ................................

Datum .................................... | Unterschrift ........................

---

**Ihre Abonnement-Vorteile im Überblick:**

- Sie erhalten jedes Buch der Schriftenreihe pünktlich zum Erscheinungstermin – immer aktuell, ohne weitere Bestellung durch Sie.
- Das Abonnement ist jederzeit kündbar.
- Die Lieferung ist innerhalb Deutschlands versandkostenfrei.
- Bei Nichtgefallen können Sie jedes Buch innerhalb von 14 Tagen an uns zurücksenden.

*ibidem*.eu

www.ingramcontent.com/pod-product-compliance
Lightning Source LLC
Chambersburg PA
CBHW051814230426
43672CB00012B/2735